U0053068

# 宋元

# 爭霸戰

曾双秀／著

沈　冰／繪

三民書局

國家圖書館出版品預行編目資料

宋元爭霸戰 / 曾双秀著;沈冰繪.－－初版一刷.－
－臺北市: 三民, 2017
面；　公分－－(兒童文學叢書/歷史遊戲王)

ISBN 978–957–14–6310–0 　(精裝)

1. 宋史 2. 元史

625.1　　　　　　　　　　　　　　106010048

© 宋元爭霸戰

| | |
|---|---|
| 著 作 人 | 曾双秀 |
| 繪　　者 | 沈 冰 |
| 企劃編輯 | 蕭遠芬 |
| 責任編輯 | 張雅婷 |
| 美術設計 | 張萍軒 |
| 發 行 人 | 劉振強 |
| 著作財產權人 | 三民書局股份有限公司 |
| 發 行 所 | 三民書局股份有限公司 |
| | 地址　臺北市復興北路386號 |
| | 電話　(02)25006600 |
| | 郵撥帳號　0009998–5 |
| 門 市 部 | (復北店)臺北市復興北路386號 |
| | (重南店)臺北市重慶南路一段61號 |
| 出版日期 | 初版一刷　2017年7月 |
| 編　　號 | S 630471 |

行政院新聞局登記證局版臺業字第○二○○號

有著作權‧不准侵害

ISBN　978–957–14–6310–0　(精裝)

http://www.sanmin.com.tw　三民網路書店
※本書如有缺頁、破損或裝訂錯誤，請寄回本公司更換。

# 歷史遊戲王

　　「你喜歡歷史嗎？」問到這個問題，大概搖頭的人比點頭的人多吧！老師上課，只要一講到課本中的許多人名、地名，很快就會把大家的瞌睡蟲給招來了。

　　「這怎麼行！」一群熱愛歷史的叔叔、阿姨聽到馬上跳起來，大家七嘴八舌，決定進行一場神祕任務，讓小朋友重新認識歷史，並且愛上它。

　　「該怎麼做呢？」我們想到把歷史和小朋友最喜歡的遊戲結合起來，推出一系列的「歷史遊戲王」，把中國歷史變成各式各樣有趣的遊戲：

　　你可以在夏、商、周大玩**疊疊樂**，看看古人如何建立社會制度，再變身為新時代；

　　在秦漢魏晉南北朝加入**大富翁**戰局，搶奪中國地盤上最強的皇帝寶座；

　　當然，你更要一起**大話隋唐**，跟英雄們找尋戰友，一步步踏上天下霸主的位置；

　　還有舉行歷史**爭霸戰**，宋朝、元朝的皇帝需要你來幫忙，成為擂臺盟主；

　　來到明清時代，**職業扮裝秀**帶我們體驗，成為各行各業的達人；

　　最後，**魔幻守護者**要解決晚清民初的各種挑戰，需要你一起動動腦筋了。

　　「哇！這真是太豐富了！」雖然我們利用遊戲的概念包裝歷史，但是真正精彩、吸引人的是歷史本身。許許多多的歷史人物、故事串成歷史，而這條時間的長河，也帶著人們向前行。三民書局為小朋友量身打造這套中國歷史，希望小朋友看完了以後，可以很高興的和朋友分享：「歷史，真是超～級～有～趣～！」

推薦序

　　1902 年，德國考古學家科爾德威 (Robert Koldewey)，在今天伊拉克首都巴格達南方約七十五公里，發掘了被風沙掩埋千年的古巴比倫。走在尼布甲尼撒二世所建的壯麗城門，科爾德威在城牆上解讀出來的第一句話是：

　　「過去的一切被現在制定著，現在的一切被未來制定。」

　　遠在二千多年前，巴比倫人就意識到歷史是現代人所書寫，充滿後設與偏見。胡適則將歷史比喻成一位小姑娘，任人打扮。各朝各代，都有自己的審美取向，今人打扮古人，後人也會打扮今人。

　　爬梳前人所留下的筆跡墨痕，文字與想像所織就的虛妄，遺址與廢墟所構築的迷茫，其中有太多太多的話語縫隙，給了我們重新品讀歷史的可能，在流轉的過往中尋找新的意義。

　　對於大人而言，歷史負載了太多的使命與任務，知識面、政治面、道德面……，但歷史在孩子眼中，又是什麼模樣？

　　褪去了種種試圖加諸歷史的外衣，孩子們可以全心感受歷史的迷人之處：傳說故事的曲折離奇，引人入勝；群雄爭霸或一統帝國的雄心壯志，成王敗寇；文化藝術凝結的瑰寶，更是燦爛輝煌。歷史如同一篇篇的樂章，傳唱他們的故事。在史蹟與偉人的榮光裡，看到一個時代的理性與瘋狂，進步與反動、昇華與墮落，那是時代的聲音。

　　讀歷史，是一場遊戲。

　　在競爭與合作的趣味中，處處是人性的紋理。三民書局「歷史遊戲王」建起一座遊樂場，透過孩子熟悉的遊戲模式，傳達中國各時代的精神與歷史意義，例如用疊疊樂的概念比擬上古時代文化和制度的奠基與崩壞，又如用大富翁遊戲讓孩子了解秦漢到隋唐之間的地盤爭勝……。

　　那麼，讀歷史，有用嗎？

　　歷史不是積塵的老古董，審視那些充滿血性與骨質的細節，會令我們感受生活的炎涼與無常，人世的無情與哀傷。閱讀歷史，是一場探究人心、理解人心的冒險，是一趟哥倫布式的精神發現，穿越無知的汪洋，抵達理性、知性與感性的彼岸。

　　啟程吧！帶領孩子一同進入歷史的探索冒險！點燃他們對歷史興趣的火苗！

作家節目主持人

謝哲青

# 作者的話

　　這本小書的誕生，於我有特別的意義。寫作期間，我完成了終身大事，也懷胎十個月，生下女寶寶。如今她正努力學步，每天邁向更遠的地方。

　　為人母是不可思議的人生體驗，面對不知人話的生物，總是竭盡心思，用盡辦法，努力了解她的需求。想像相差二十幾歲小學生的國文程度及笑點，也讓我跟編輯費上許多工夫，不斷去揣摩，究竟什麼樣的語氣才生動有趣，又不偏離史實。

　　理解歷史，也是這般不斷互動、無盡對話的過程。過去發生的事，並不會蓋棺論定，而可以有許多不同的解釋和理解的角度，因此歷史需要不斷分析討論。

　　歷史更是有血有肉有溫度的故事，與古人一起感受悲歡離合，替古人擔驚受怕，哀傷憤慨，彷彿和他們一同呼吸，心意相通。

　　讀史可以超越時空，獲得心靈上的滿足，也能夠在現實中找到方向。思考古人的社會與人生

何去何從，同時想想我們的時代為何是現在這個樣態？可以走向什麼樣的未來？

歷史從不是年代、人名、官名、地點、戰爭、變法……零零碎碎等綜合體，它就跟我們的生活一樣，豐富多變，有歡笑，有淚水。

親愛的家長，請牽著孩子的手，與他一起閱讀，一同進入歷史的奇妙世界，就如同他在嬰兒時期，我們拉扶提攜，笑著領他認識一切。

# 宋元
# 爭霸戰

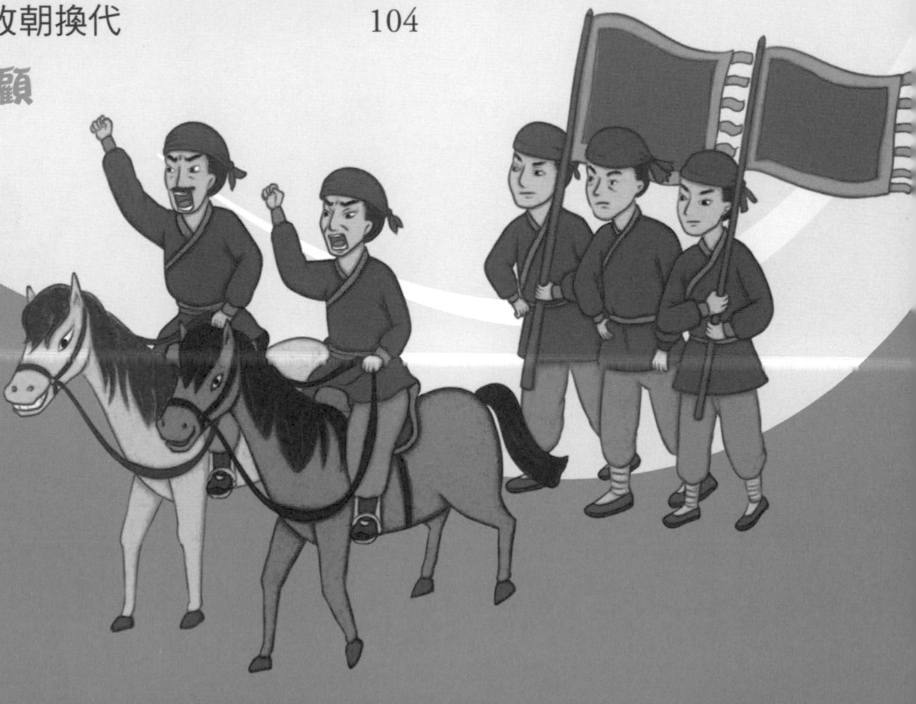

# 中原爭霸戰

　　大唐帝國後期動亂頻繁，國力逐漸衰弱，皇帝難以控制各地的將領。這些將領擁有軍隊，開始占據土地，擴張勢力。他們不但不理中央的命令，還越來越囂ㄒㄧㄠ張跋ㄅㄚ扈ㄏㄨ，發展為「藩鎮」，皇帝都拿他們沒轍ㄓㄜ。

　　當大唐帝國崩解，藩鎮們個個摩拳擦掌，想盡辦法對內提高**防禦力**，防止手下取而代之，對外增加**攻擊力**，好擊敗對手，鞏ㄍㄨㄥ固王朝，並持續向外兼併土地。

　　他們展現強大的軍事實力，企圖占據中原——那個經濟、文化、政治發達的地區。五個政權（後梁、後唐、後晉、後漢、後周，稱作「五代」）先後在中原地區成立，其他地區也有十多個政權（統稱為「十國」）陸續興起。

中原就像一塊大肥肉，隨時都有人看著它流口水，想據為己有。當中原的政權**防禦力**及**攻擊力**下降時，周遭有實力的政權就會馬上進攻，擊垮對手，統治中原。

　　然而，成為中原的主人後，更得使盡全力維持帝國的穩定，不斷提升**防禦力**及**攻擊力**，好打敗前來挑戰的敵人。

　　統治者面臨的競爭對手不僅是周邊的藩鎮，遠在邊疆的外族，如契丹、女真、西夏、蒙古等也紛紛崛起，希望進入中原農業地區當皇帝。

　　唐帝國剛滅亡，一場中原爭霸戰就此展開⋯⋯。

3

# 下一位爭霸者是……

趙匡胤

耶律德光

完顏阿骨打

成吉思汗

窩闊臺

忽必烈

# 一、黃袍加身宋太祖

當藩鎮們互相廝殺，血流成河時，有一個人相對和平地進入中原，成為皇帝。這位幸運兒，叫做趙匡胤。

趙匡胤是後周君主周世宗的手下將領。他憑著優異的軍事才能，獲得周世宗的信任，在周世宗過世前一年，成為禁軍（國家的主要軍隊）的最高指揮官。擁有軍隊的趙匡胤，**攻擊力**及**防禦力**大為上升。

## 1. 陳橋兵變

西元960年的大年初一，家家在慶祝新年，北方卻傳來北漢聯合契丹，將要入侵的消息，於是趙匡胤帶著軍隊浩浩蕩蕩地出發了。

當天晚上，軍隊走到陳橋驛這個地方紮營休息。面對未來，將士們十分擔心。「皇帝剛過世，新皇帝的年紀又小，怎麼處理國家大事啊？」他們七嘴八舌地討論起來。

「我們為國家打仗，出生入死，新皇帝大概根本不知道，不如效忠我們的大將軍趙匡胤，拱他做皇帝吧！」「他一定可以帶領我們走向美好的未來！」大夥兒一邊說著，一邊往趙匡胤的營帳聚集。

天快亮時，趙匡胤聽見外頭嘈雜的聲音，慌忙地走出營帳。將士們一看到他，蜂擁而上，大喊：「請大將軍當皇帝領導大家！」趙匡胤還搞不清楚發生什麼事，一件皇帝穿的黃色袍子就已經披在他身上，眾人將他團團圍住，跪地而拜，齊聲高喊：「萬歲！萬歲！」

軍隊叛亂可是要殺頭的！趙匡胤原本拒絕，但眾人不斷勸說，並扶他上馬，強迫他返回京城，於是趙匡胤就答應了。由於他掌握了精銳的軍隊，加上城內有人接應，趙匡胤很順利地成了貨真價實的皇帝，定國號為「宋」，定都「汴京」（今中國河南開封），後人稱他為「宋太祖」。

我就不客氣收下這黃袍了！

不過，也有人說，趙匡胤很可能自導自演，挾（ㄒㄧㄝˊ）著武力，策劃將士們為他「黃袍加身」，進行一場不流血的軍事叛亂，就這麼坐上皇帝的寶位。由於這件事發生在陳橋驛，所以稱為「陳橋兵變」。

## 2. 敵人就在你身邊

皇帝果然不是好當的，寶座還沒坐熱，地方上就有節度使出兵反抗。雖然宋太祖親自出征，很快平息叛亂，但誰都說不準何時又會發生兵變，大臣趙普因此建議宋太祖收回將領的兵權。

「他們從前與我一起作戰，患難與共，一定不會背叛我！你為什麼這麼擔心呢？」宋太祖覺得趙普多慮了。

「我也相信他們會忠於皇上，但如果他們的部下如法炮製，將黃袍披在他們身上，他們也無法拒絕呀！」趙普一說，宋太祖想起自己當上皇帝的經過，不禁心生恐懼。

又有一天，宋太祖召來趙普談論天下事。「從唐代以來，短短數十年之間，總共換了幾十位帝王，戰爭從沒有停止，老百姓過著痛苦的生活，怎麼做才能讓天下再也沒有戰爭，國家長治久安？」

趙普說：「唐代以來戰爭不斷，國家不安定，是因為藩鎮掌握太多權力。皇帝現在只要收回財政權、兵權就可以了。」

宋太祖點點頭，「你不用說了，我知道怎麼做啦！」

## 3. 對付同袍弟兄

不久，宋太祖邀請一批高級將領飲酒。當大家喝得面紅耳赤，宋太祖支開閒雜人等，說：「如果不是你們鼎力相助，我不可能當皇帝，太感謝你們了。但是，皇帝真辛苦，我到現在還不能安安穩穩地睡個好覺。」

「為什麼？」將領們瞪大眼睛，不懂宋太祖說這些話的用意。

「很好理解呀，誰不想當皇帝？」宋太祖的笑容中帶著殺氣。

這群將領一聽，酒醒了大半，從位子上彈起來，跪倒在地，連連磕頭：「皇上為什麼這麼說，現在誰還敢反叛？」

宋太祖看著跪了一地的將領，喝一口酒，說：「你們雖然沒有背叛的心思，但如果你們的部下貪圖富貴，將黃袍披在你們身上，也由不得你們啊！」

將領們以為宋太祖準備殺他們，嚇得又哭又磕頭，懇求太祖指示一條生路。

「人生很短暫，你們交出兵權，選個好地點，買些田地房子，讓子孫安居立業，也買些歌伎舞女，天天看他們表演，飲酒作樂，開開心心直到老吧！這樣一來，我們就不會相互猜忌，雙方都安心過日子，不是很好嗎？」

將領們知道交出兵權就可以保命，趕緊跪拜磕頭，謝謝宋太祖設想周到。

第二天，他們藉口生病，請求宋太祖解除他們帶領軍隊的權力。宋太祖當然很高興地同意了，因為根本是他指示的嘛。

宋太祖也沒有虧待他們，賞賜許多金銀財寶，讓他們一輩子不愁吃穿。過一陣子，還與他們結為親家。

乖乖交出你們的兵權！

不要殺我！

宋元爭霸戰

10

兵不能一日無將，這批人離開後，宋太祖安排一些聽話的將軍遞補空缺。這樣還不夠，他覺得必須親自掌握一批軍隊來保護京城與鎮守邊疆，因此凡是體格強壯的人，都納入禁軍，賜給豐厚的糧食，由他定期訓練。

## 4. 對付藩鎮

解決了禁軍的問題，接下來就要對付地方上的藩鎮了！某日，王彥超等藩鎮到京城拜訪宋太祖，太祖又使出了同樣的招數──請他們吃飯喝酒。

「你們都是元老級的藩鎮，每天處理那麼多煩瑣的事務，辛苦了！不過，這可不是我禮遇賢才的方式。」酒過三巡，宋太祖進入正題。

王彥超聽出絃外之音，他知道宋太祖表面上慰勞他們，實際上則是要他們交出藩鎮的權力。王彥超評估自己的兵力遠遠不及禁軍，打不過宋太祖，於是順水推舟地說：「我沒什麼功勞，長久以來多虧皇上重用。現在年紀大，該回家養老了，請皇上成全吧！」

其他藩鎮不懂察言觀色，還真以為宋太祖要賞賜他們，居然你一言，我一句，爭相訴說當年戰績及種種艱難困苦。「這都是以前的事了，說這些幹什麼呢！」宋太祖擺擺手，不耐煩地打斷他們，他哪有閒工夫聽這些藩鎮回憶往事啊！

隔天，宋太祖革除了這群藩鎮的職位，解決了心頭大患。宋太祖和平地登上皇位，喝喝酒，吃吃飯，妥善處理了五代十國以來藩鎮擁兵的問題，是不是非常聰明？這兩次喝酒解決兵權的事情，在歷史上稱為「杯酒釋兵權」。

不過，即使兵權逐漸掌握在自己手中，宋太祖仍然不放心。

## 5. 重視文官，輕視武官

宋太祖左思右想，為了防止軍人權力擴大，對皇位產生威脅，大多數重要機構的長官都指派文臣擔任，連軍事機構都不例外。所以，在宋代你可以看到文官領導武官打仗。

宋代的文官待遇非常好，文官與武官的薪水少則相差六七倍，多則相差幾百倍！除了薪水，朝廷基本上還提供文官食衣住行的費用。宋太祖讓文官過著優渥的生活，希望他們安份地為他效命。

文官的地位崇高，即使犯下重罪，也都不會被殺頭。他們升遷快，特權多，比較能參與國政，所以越來越多優秀的人想經由考試當上文官。問題是，哪裡有這麼多官職安插這批人？

宋太祖想到了方法！他把原本一個官員處理的事務，分給許多官員負責，這樣既增加官職的需求，也

可以防範單一官員掌握大權。宋太祖得意極了，一點都不在乎龐大的人事成本。

　　當時從軍的人，大部分為地方上破產無業的無賴。他們身強體壯，但找不到工作，在朝廷招募之下，成為職業的軍人。宋太祖認為，只要把這些遊手好閒，具有潛在反叛力量的人聚集起來，統一管理，就可以有效防止兵變，因此他花了許多錢養一大群士兵。

文官不會起兵造反，這樣我安全多了！

這群士兵中，武功高強者編入禁軍，其餘在地方當兵。由於宋太祖擔心地方作亂，因此地方士兵往往不接受訓練，只負責做一些勞務。所以，宋太祖雖然養了一大群士兵，能上戰場殺敵的卻不多。

儘管如此，宋太祖非常滿意「重文輕武」、中央集權的政策，後來也被宋代其他皇帝沿用。他們不知道，「重文輕武」鞏固了皇帝的權力，卻也埋下宋代衰弱的種子……。

## 趙匡胤

攻擊力：●●●●●
防禦力：◉◉◉
魅力值：★★★★☆
特殊技：杯酒釋兵權
廟　號：宋太祖

宋元爭霸戰

# 二、工作狂宋太宗

西元 976 年，大雪紛飛的十一月，宋太祖走完一生，弟弟趙光義繼位，後世稱他為「宋太宗」。

按照傳統帝位繼承制度，父親死後，大多傳位給兒子，為什麼宋太祖傳給弟弟趙光義呢？難道是趙光義有什麼特殊的才能？

有人說，這是杜太后臨終前的願望。

## 1. 金匱(ㄍㄨㄟ)之盟

杜太后是宋太祖與趙光義的母親。宋太祖登基的隔年，她重病不起。臨終前，杜太后召來趙普草擬遺旨，並問隨侍一旁的宋太祖：「你知道你為什麼得到天下嗎？」宋太祖想到母親將撒手人寰(ㄏㄨㄢˊ)，淚流不止，哽咽地說不出話來。太后又問，宋太祖才說：「孩兒能贏得天下，都是父親與您常做好事。」

「唉！是因為周世宗死後，由幼兒繼位，無法得到大家的支持。假如是成年的國君，你就沒有機會當上皇帝了。因此，你死後應該傳位給弟弟，讓年長者當皇帝，才是國家之福呀！」太后身體衰弱，費了一番勁叮嚀。

「我一定遵守。」宋太祖哭著磕頭，場面哀戚。

太后不放心，命令大臣在床前寫一份誓書，作為憑證。誓書後來藏在金匱（金櫃子）中，由宮女負責保管。這件事情，就是所謂的「金匱之盟」，趙光義就這麼順理成章地成了皇帝。

## 2. 謀殺奪位

不過，也有人說，這是謀殺！

趙光義想謀得皇位，趁宋太祖熟睡時痛下毒手，用玉做的斧頭殺死了宋太祖，接著對外放消息，說宋太祖留下遺詔ㄓㄠ，繼位者就是他。

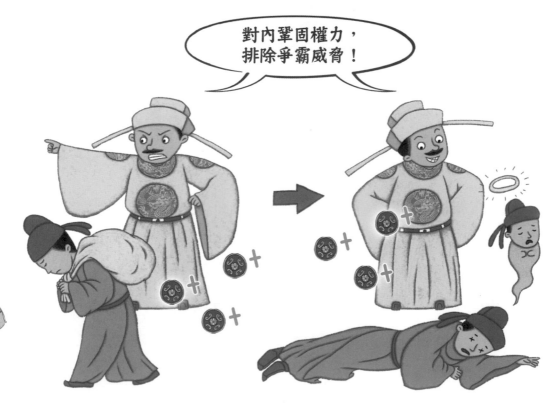

對內鞏固權力，
排除爭霸威脅！

宋元爭霸戰

16

趙光義登基後，首先趕走了親弟弟，以防弟弟學他來暗殺這招。接著，他的姪子也相繼自殺、病死。相傳趙光義擔心他們對皇權產生威脅，所以用盡手段斬草除根，確保帝位穩固。

你瞧瞧，趙光義為了爭奪皇位，鞏固權力，不惜殺死自己的兄長，趕走弟弟，謀害姪兒。

無論是金匱之盟，還是蓄意謀殺，趙光義於西元976年登基，展開忙碌的帝王生活。

## 3. 豬事都要管

宋太宗非常勤奮，幾乎全年無休。即使是炎熱的夏天，也不會昏昏欲睡，總是精神奕奕地處理朝政。

他精力充沛，不論大事小事，統統都要管。他總是盡可能地親自選拔人才，親自訓練將士，甚至繪製「陣圖」，指導將領如何排兵佈陣。

宋太宗自認為兵法了得，所以只要戰敗，就會怪罪將領沒有按照陣圖指揮作戰。事實上，有幾次將領見戰況不妙，冒著違背旨意而被砍頭的危險，臨機應變，才取得勝利。

宋太宗喜歡處處下指導棋，管行政，管軍事，也處理法律案件。有一天，他知道有數百名的囚犯在等待審判後，立即根據罪行輕重，判決發落，一直到日落西山，還不覺得勞累。

他勤於判案的事蹟傳出宮城，連民眾的家奴弄丟一隻公豬，也擊鼓上訴，請求皇帝幫忙。宋太宗雖然覺得這等小事也要來找他，實在太可笑了，但是對於自己能裁決天下事，天下因此再也沒有冤案，而感到洋洋得意。

宋太宗工作狂的性格，也展現在開疆闢土上。

特殊技・無敵工作狂

## 4. 攻打北漢

你一定還記得，西元960年大年初一，宋太祖原本北上攻打北漢，但因黃袍加身而折回汴京。因此，宋朝建國初期，領土只有黃河、淮河流域中原一帶，並不廣闊，北、西、南方都有其他政權，隨時可能侵略宋。

宋太祖解決了內部兵權的問題，開始對外部政權展開攻擊。一個大雪紛飛的夜晚，他與趙普在火爐邊商討戰略，決議先攻打國勢較弱的南方政權，再對付北方有遼國撐腰的北漢。可惜，宋太祖大致上解決了南方及西方的政權，攻打北漢卻不順利。

　　宋太宗即位後，接續宋太祖未完成的統一大業。正所謂知己知彼，百戰百勝，他召來沙場老將曹彬ㄅㄧㄣ，問道：「周世宗與太祖皆親自征討北漢，可是都失敗，北漢的**防禦力**難道好到城牆堡壘堅不可摧，無法攻破？」

　　曹彬說：「周世宗時，因為交戰期間折損許多兵將，人心不安，所以放棄攻打。太祖那次失利，則是士兵水土不服，腹瀉影響**戰鬥力**，因而中止征討行動。這兩次失敗，都不是因為北漢的城牆堡壘牢不可破。」

　　「那我這時候北征，你覺得有多少勝算？」宋太宗覺得消滅北漢有希望了。

「如今國家兵強馬壯，**攻擊力**大增，百姓也支持我們，後援強大，滅北漢輕而易舉。」宋太宗聽了，信心滿滿地下令出征。

遼國的君主收到消息，馬上派兵援助北漢，然而北漢仍不敵宋軍，節節敗退。宋軍越戰越勇，攻到北漢首都的城下，弓箭手萬箭齊發，頓時城的上空滿是飛箭。

北漢彈盡援絕，君主還做垂死的掙扎，獎勵城內百姓撿拾宋軍射進來的箭，十錢換一支，囤積起來當作武器。據說蒐集到一百多萬支，不過還沒派上用場，北漢的君主就投降了。

攻擊力

防禦力

北漢軍

## 5. 出兵遼國

消滅北漢後，宋太宗將目標對準遼，希望乘勝追擊，收復「燕雲十六州」。

「燕雲十六州」原本是後唐的土地。開國功臣石敬瑭(ㄊㄤ)為了鞏固勢力，找契丹人當靠山，而他願意稱臣、叫契丹的首領耶律德光為爹、割讓燕雲十六州，每年還給契丹人三十萬匹的帛(ㄅㄛ)。這麼好的條件，耶律德光當然同意。

西元936年，耶律德光封石敬瑭為大晉皇帝，建立史稱「後晉」的王朝，並協助他滅後唐。石敬瑭很守信用，在後唐滅亡後，他依照約定，自稱「兒皇帝」，不但割燕雲十六州給契丹，每年還送三十萬匹的絲織品。

然而，石敬瑭的繼承人卻不願意繼續對契丹稱臣，還越來越不把契丹放在眼裡。耶律德光哪嚥(ㄧㄢ)得下這口氣？隨即出兵滅了後晉，建國號為「大遼」。

總而言之，宋還沒建國，燕雲十六州就已經是

遼的領土。你可不要小看燕雲十六州，它的地理位置十分重要，北有高山屏障，對於中原王朝來說，可以抵擋外族入侵。假如得到此地，能大大提升國家的**防禦力**。宋太祖原本計畫用錢贖回，或召募士兵強力征討，但未能如願。

　　成功消滅北漢的宋太宗，急於收復燕雲十六州，完全不顧軍隊需要休息，緊接著北伐遼國。初期戰果不錯，但後來戰情急轉直下，宋太宗不僅沒有成功滅了遼國，還腿部中箭，乘著驢車狼狽地逃回國。

　　宋與遼對戰的這一回合，宋太宗敗。

宋太宗仍不死心，又派兵北伐，可惜軍隊沒有足夠的後援，再嚐敗績，號稱「楊無敵」的將領楊業也在這場戰爭中被俘擄，後來絕食而死。宋太宗的統一大業，終究有所缺憾。

不過，工作狂宋太宗在位二十一年，強化了君主專制獨裁的權力，也結束了南方十國割據的局面，**戰鬥力**不容忽視！

## 趙光義

攻擊力：❶❶❶❶❶
防禦力：🏵🏵🏵🏵
魅力值：⭐⭐⭐⭐☆
特殊技：無敵工作狂
廟　號：宋太宗

# 三、花錢買和平

懷抱雄心壯志，想收復燕雲十六州的宋太宗，兩次出兵遼國卻都失敗，但他戰鬥的意志堅強，一直把這件事放在心上。不過一些大臣可不這麼想，他們希望以和為貴，不要再出兵打仗，讓邊疆百姓安居樂業，免受戰禍的痛苦。

「遼人見錢眼開，皇上只要縮減每日的花費，給他們錢，就可以換來和平。」宰相說。然而，強悍的宋太宗哪聽得進去？真正展開金錢外交，用錢作為盾牌的是他的兒子宋真宗。

# 1. 宋真宗親征

　　話說西元 1004 年，遼國出兵南下，接連攻破數個州縣，二十萬大軍來到澶州（今河南濮陽）。地方將領非常憂心，連連傳回軍情。宰相寇準一天收到五封軍書，卻不告訴皇帝，照常跟朋友喝酒聊天。

　　宋真宗知道後，責怪寇準：「這麼緊急的事，你怎麼不趕緊報告！」

　　「陛下想解決這事，只要親自領軍救援澶州就行了。」寇準不慌不忙地回答。

　　「陛下，萬萬不可呀！」大臣王欽若與陳堯叟表示反對，一個勸宋真宗往南逃，一個勸他到四川避難，走為上策！

怕到都腿軟了，還好騎在馬上……

跟著皇上一起衝啊！

　　大臣們你一句，我一句，意見都不一樣，宋真宗不知如何是好。寇準這時站出來，說：「陛下如果親自領軍至澶州，士兵一定會受到鼓舞而勇敢殺敵，遼人自然嚇得逃回北方。不然，我們也可以出奇制勝，或者以我們強大的**防禦力**，堅守陣營。何必跑到南方，放棄大好江山？遼人若繼續南侵，天下就不保了！」

　　再三考慮後，宋真宗決定親征。他在侍衛重重保護之下渡過黃河，抵達澶州。將士遠遠看見宋真宗的軍隊，知道皇帝沒有棄他們而去，歡聲雷動，高呼萬歲，個個奮勇殺敵，痛擊遼國的騎兵，取得一回合的勝利。

　　遼國大將遭到宋軍攻擊，傷重不治，加上軍糧不足、宋軍積極守城，在評估勝利的機會不大之後，遼國放棄攻打澶州，派使者前往宋營求和。

27

## 2. 澶淵之盟

　　若是威猛善戰的宋太宗，肯定會趁遼人**戰鬥力**不足時，給他們最後一擊，北上收回燕雲十六州。不過，宋真宗性格比較軟弱，根本不想跟遼國爭個你死我活，和談因此展開。

　　宋真宗雖然希望早早打發遼國，好悠閒過日子，但國家的面子還是很重要。他再三告誡大臣曹利用到遼營談判時，可以花錢，但絕不可割讓土地。曹利用點點頭，說：「遼人如果敢這樣要求，就出兵把他們滅了！」

　　寇準認為地不該讓，錢也不該給，反倒是遼人應該乖乖地臣服於大宋，並獻上燕雲十六州。「我們不能妥協，這樣保證一百年內都不再有爭端，否則皇帝啊，數十年之後，貪心的遼人一定又會入侵。」寇準一副聽我的準沒錯，彷彿能預測未來。

　　宋真宗只想解決眼前的問題，於是說：「你看看百姓因為戰爭，吃不飽又睡不好，我實在不忍心再讓他們受苦，去問問遼國停戰的條件是什麼，雙方坐下來談吧！」

　　皇上心意已決，寇準只好召來準備動身的曹利用，叮嚀他：「雖然皇上說在逼不得已的情況下，每年可給遼人一百萬的金帛，但這數目實在太大了，絕

宋元爭霸戰

28

不能超過三十萬，否則小心你的腦袋！」曹利用戰戰
兢兢地前往遼營。

　　雙方反覆協商，最後宋朝廷答應每年給遼十萬兩
銀，二十萬匹絹。軍民各守邊界，不可相互侵略。
兩國和平相處，結為兄弟。由於在澶淵這個地方完成
和議，史稱「澶淵之盟」。

　　澶淵之盟彷彿宋朝的護身符，維持了宋與遼長期
的和平。

## 3. 和議真划算

曹利用達成任務後，快馬加鞭ㄅㄧㄢ回到宋真宗的行宮。宋真宗正在用餐，但急著知道和議結果，於是派出太監詢問花了多少錢。

「這是機密，我必須親自稟ㄅㄧㄥ奏皇上」，曹利用不願透露。「你再去問問，叫他先說個大概。」宋真宗手一揮，太監趕緊叩ㄎㄡ頭退下。可是不管怎麼逼問，曹利用仍舊緊閉雙唇，只比了三的手勢。

「皇上，曹利用伸出三根手指，應該是三百萬吧？」太監猜測。

「太多了！」宋真宗大驚失色，筷子停在半空中。「不過，既然有助於停戰，也就罷了！」終於把一塊肉嚥下去。

曹利用在外頭聽到這番對話，不動聲色，等到宋真宗接見他，確認究竟花費多少時，他回說：「微臣辦事不力，答應給遼人太多銀兩和絹。」

「多少？」「三十萬。」三十萬僅是三百萬的十分之一，簡直賺到了！宋真宗很開心，大大賞賜了曹利用，也厚待宰相寇準。

用錢換和平！

宋元爭霸戰

30

## 4. 和議真划算？

大臣王欽若覺得和議有損國家的尊嚴，他跟宋真宗說：「澶淵和議，有如受敵人逼迫而簽訂和約，陛下不以為恥，反而覺得宰相寇準對國家有功，真令人想不透。」

可是，當遼國南下入侵宋朝時，王欽若還勸宋真宗往南逃呢！想想看，一個國家的君王假如棄軍民於不顧，自己逃命，不是更可恥嗎？王欽若試圖掩飾這點。

他見宋真宗臉色凝重，繼續說：「陛下，寇準拿您當賭注啊！遼國來犯，他不顧您的安危，勸您親征，又因此簽了和約，每一步都危機四伏。」這些話，動搖了宋真宗和議真划算的想法，對寇準越來越不信任，隔年便廢去他宰相的職位。

不過，新宰相仍然對和議持正面的態度，他認為澶淵之盟後，每年雖然要付給遼三十萬銀兩和絹，卻省下大筆軍事費用，百姓安居樂業，十分划算。事實上，宋、遼的確因此維持一百多年的和平與對等關係，促進了雙方貿易活動與文化交流。可以看到遼人穿漢人的服飾，喜愛飲茶，讀漢人的詩，有的漢人也打扮得像遼人。

可是，和議並非完全沒有壞處。之後的統治者繼續奉行宋太祖重文輕武的政策，官員及士兵的數量因此越來越多，朝廷需要支付給他們的薪水大增，但士兵卻沒有受到良好的軍事訓練。

久而久之，國家的 **戰鬥力** 逐漸低落，皇帝面對外族入侵，只能花更多錢來保平安。為了維持和平，除了遼之外，宋朝還得付銀兩和絹給西夏，每年的開銷越來越大，花的錢越來越多⋯⋯。

# 四、改革救國

　　宋朝廷每年送大筆的銀兩和絹給遼，雖然換來和平，但是財政負擔日漸沉重。這些銀兩跟絹從哪裡來？當然是向一般平民百姓徵收。

　　當人民要繳的稅越多，壓力也就越大。到後來，他們就算拼命工作，也追趕不上稅增加的速度。於是，有些人乾脆不工作，聚集起來反抗朝廷，引發一連串的社會問題。這時宋朝廷不要說向外擴張土地，內部能否穩定運行都是個問號。

　　身處不同時代的范仲淹跟王安石特別敏銳，他們察覺問題後，急得像熱鍋上的螞蟻，向皇帝提出改革的建議，希望使國家富有，提升**戰鬥力**。

種這些根本不夠繳稅金，生活怎麼過啊……

## 1. 就是要建言

　　范仲淹認為官員的素質十分重要，若是任用不合適的人，再怎麼好的政策都無法確實執行。有一次，他發現宰相呂夷簡選用的官員多是透過關係而來的，不是經由正常的管道。他憂心忡忡，勸宋仁宗掌握人事權，不可以全部交由宰相處理。

　　范仲淹明查暗訪，弄清楚到底是哪些人不守規矩，靠關係進入官場後，呈給宋仁宗一幅「百官圖」，上頭標示了各官員的職位等級。范仲淹在圖上指來指去，「這人按照規定一步步升遷，這人則是超出常理的提拔，出自私人的恩惠。人才的選用很重要，皇上不可不察！」他苦口婆心地勸宋仁宗小心提防。

宰相呂夷簡知道後很不高興，但范仲淹毫不畏懼，繼續批評他用自己的人馬。呂夷簡向宋仁宗訴苦：「范仲淹在挑撥離間，他自己引用的人，都是朋黨。」

說到朋黨，那可不妙了，它指的是對事情具有類似看法的人所聚成的黨派。他們為了爭奪利益，想盡辦法排除意見不同的人。皇帝往往很討厭朋黨，因為黨派勢力若越來越強大，很容易威脅到皇帝的權力。所以，若是想讓敵人走路，扣他一頂「朋黨」的帽子準沒錯。

范仲淹接連上書，為自己辯護。可是，宋仁宗仍將他貶ㄅㄧㄢˇ出京城，到地方當官。

## 2. 短命的新政

隔了幾年，西北方的西夏開始積極入侵宋朝，戰事緊急。宋仁宗想到范仲淹很會打仗，於是派他帶領軍隊前去平定戰亂。范仲淹在交戰的邊緣築堡寨ㄓㄞˋ，以守代攻，消耗西夏的**戰鬥力**。同時，收服周邊的少數民族，鞏固防線，也培養狄ㄉㄧˊ青成為獨當一面的大將，提高整體的戰力。雖然最終無法消滅西夏，但雙方達成和議，中止戰爭。

宋仁宗見范仲淹成果斐ㄈㄟˇ然，於是將他調回中央擔任副宰相。范仲淹把握機會，提出十項改革，主要是嚴格挑選官吏，定期考察他們的政績，避免不適任的官員過多，增加財政負擔。

范仲淹看著各地區官員的名冊，毫不猶豫地一筆又一筆劃掉不稱職者的姓名。一旁的同事看到了，忍不住說：「您這麼簡單一劃，就免了一個官員的職位，他怎麼養家活口？可會使他一家人痛哭啊！」

　　范仲淹堅定地說：「一家人哭，受害的只有一家人，總比為害地方老百姓，讓一地區的人都哭來得好。」對於開除不適合的官員，他一步都不退讓。

　　改革初期成效不錯，但新政損害了特權集團擁有的利益，加上改革者常常說自己是「君子」、反對者為「小人」，因此引發強烈的反彈，再度被反對者攻擊為「朋黨」。范仲淹招架不住，向宋仁宗請求將他調去當地方官，又離開了京城。

　　新政不到兩年就宣告結束，未能根本解決社會經濟的問題。

## 3. 王安石登場

　　時隔二十多年，又出現一個有理想抱負的人，他就是王安石。王安石受到宋神宗的重用，擔任宰相，展開另一波比范仲淹更為急進的改革。

　　王安石認為要改善國家越來越貧窮跟衰弱的困境，必須先改革內政，積極生財與理財，賺夠了錢，再對抗外族。

　　怎麼生財理財呢？當時經濟發展以農業為主，國家稅收要穩定，就必須確保農民積極種田，準時繳稅。在農業方面，王安石提出四項建議，其中一條叫做「青苗法」。

青 苗 法

看我拿出救國法寶

「青苗法」是為了幫助貧困的農民渡過難關。農民若碰上農作物收成不好，可以向政府借錢，而不用跟地主或高利貸者打交道，負擔巨額的利息。政府藉此除了幫助農民脫困，也可以從中賺取一筆利息錢。

　　這青苗法看似對拯救國家的財政很管用，但朝中官員的反應並不一致，司馬光等人就十分反對。他們覺得國家應該要照顧百姓，怎麼可以借錢收取利息呢？

　　以王安石為首，認為新法能使國家強盛的一群人，稱作「新黨」，而以司馬光為首，反對新法的另一群人，則稱為「舊黨」。這兩群人彼此互看不順眼，互相找麻煩。

　　司馬光多次寫信給王安石，勸他中止這系列財經政策，以免釀成大災。他認為與其生財，不如省錢，節省人事、賞賜、軍費、皇室支出等開銷比較實際。

生財救國！

反對斂財！

王安石
個性：激進固執
綽號：拗相公
絕招：青苗生財拳

司馬光
個性：相對保守
綽號：司馬牛
絕招：大力省錢掌

　　王安石個性固執，有「拗ㄠ相公」的稱號，不顧司馬光等人的意見，強力推行新法。

　　總的來說，新法的出發點雖然良善，但實際執行卻產生許多問題。譬如，執行者的素質不一，有些地方官為了展現青苗法推行的成果，竟然強迫農民借錢，甚至自行提高利息，農民的負擔不減反增。新法也損害了原本擁有特權的商人、地主、官員、皇室家族的利益，王安石對他們來說有如眼中釘。

　　反對的聲浪越來越大，宋神宗逐漸從力挺改革轉為保守觀望。

## 4. 流民圖

　　春天本是萬物甦ㄙ醒，春雨滋養大地的季節，但西元 1074 年的春天卻都不下雨，農作物乾枯焦黃，農民苦不堪言。許多人三餐吃不飽，被迫離開賴以為生的土地，到處找食物，四處流浪。

　　宋神宗知道後，愁眉不展，嘆了一口氣：「這該如何是好？」他想也許真是新法出了問題，於是計畫廢除其中幾項。

　　王安石極力阻止，「水災、旱災是正常的自然現象，皇帝不用這麼焦慮，只要盡力照顧老百姓就行了」。

　　宋神宗聽了很生氣，「從大臣到太后都說新法有

缺陷，如今水旱災嚴重，人民生活痛苦，更會失去民心啊！」但王安石仍舊堅持己見。

這時候，宋神宗收到一幅「流民圖」，看到圖畫上人民餓得前胸貼後背，還挖樹根來吃，非常痛心，整晚都睡不著。獻圖的人說：「旱災是王安石改革所引起的，開除王安石之後，肯定下雨。」

兩位太后又在一旁敲邊鼓，哭哭啼啼地控訴「王安石擾亂天下」，宋神宗於是下定決心，宣布停止改革。說也奇怪，不久就下雨了。

宋神宗後來見情勢趨於穩定，又請王安石回到朝廷繼續改革，不過新法仍然受到多方攻擊，難以推展。政治上衝突不斷，社會問題又一堆，外族漸漸發現宋朝的弱點，開始找機會入侵中原……。

改革錯了嗎?

好餓，好累，好想有個家……

# 五、皇帝被抓走了

　　宋神宗死後，他的兒子宋哲宗當上皇帝，但新、舊黨並未隨著宋哲宗登基而停止相互攻擊，黨爭持續不斷，一黨掌權，就運用政治手段排擠另一黨。雙方你來我往，造成政局動盪不安。

　　范仲淹、王安石時期的黨爭，多是因為政治理念不同而引發辯論，但後來卻往往出自爭權奪利，欠缺核心的理想。宋徽宗時期，宰相蔡京為了打壓舊黨不擇手段，甚至不惜編造罪名，將反對王安石新法的一批人統統列出，刻在石碑上，誣陷他們做了許多壞事。

## 1. 藝術家宋徽宗

　　如果宋徽宗明辨是非，絕不會允許宰相蔡京胡作非為，熱愛藝術的他，寫得一手好書法（稱為「瘦金體」），擅長花鳥畫，還成立宮廷畫院，促進了繪畫的發展，卻沒有心思在治理國事。

　　他登基後，請各界賢能的人提供意見。有人誠實指出施政缺失，他卻不檢討，還惱羞成怒，命令殿前衛士用斧打得他滿地找牙。可見宋徽宗只想聽好話，缺乏接受批評的度量。

蔡京看準這點，拼命奉承皇帝，自己也好跟著吃香喝辣。他知道宋徽宗喜歡遊園賞玩，於是放任徽宗花大錢建造園林，並派人搜刮江南地區的奇花異石，作為裝飾。

　　當時宋徽宗住在汴京（今河南開封），因此得動用無數的民工經由運河，從南往北運送奇花異石。有時船隊為了順利通過河道，還得拆掉沿岸的房子或橋樑，拓寬河面。可憐的老百姓被迫離開長年居住的房子，一家家收拾行囊ㄋㄤ，到處找落腳的地方。

　　如果只是一個縣的百姓受苦，還不至於引起抗議，但船隊途經許多州縣，抱怨的聲浪逐漸蔓ㄇㄢ延，終於一發不可收拾。

船都過不去，把橋拆掉！

西元 1120 年底，受苦的百姓群起反抗，很快地許多地方都爆發抗爭行動。「這些人造反啦！」皇帝震驚不已，派出軍隊十五萬人平亂，並下詔暫停運送奇花異石。

## 2. 紙老虎

宋朝廷處理抗爭的同時，另一個更大的災禍正隱隱成形，步步進逼。

這得從女真人說起。住在東北地區的女真人，原本臣服於遼，後來在領袖完顏阿骨打的統領之下逐漸強大，有了參與爭霸戰的實力。完顏阿骨打受到眾人的擁立，成為皇帝並建國「金」，與遼競爭霸主地位。金國與宋朝廷約定由南北二方夾攻遼國，但宋徽宗猶豫不決，遲遲沒有按照原訂計畫出兵。

當宋軍撲滅地方的抗爭行動，終於到達北方戰線時，金軍已經攻下好幾座城池。金人見宋軍拖拖拉拉來到前線，紀律渙散，將領還燒掉自己的軍營，藉機逃跑，這才明白，宋朝廷不過是隻紙老虎，一戳就破！

因此，當金軍滅了遼，宋派出使節要求金人按照約定歸還燕雲地區時，金人反應冷淡，態度高傲，說：「如果你們一定要取回，那麼地方的租稅應該歸我們。」

宋朝的使節聽了大吃一驚，「租稅跟土地本是一體，哪有只讓地而不給租稅的道理？」極力向金人爭取。

　　經過談判，金人終於同意讓出燕京與其他六州，代價是數百萬銀兩和絹，還將城內官員、富民、金銀財寶全數掠奪一空，留下空蕩蕩的城池。

　　負責接收的宋朝官員看傻了，可是又不好讓皇帝擔心，所以上奏謊稱：「老百姓歡欣鼓舞地迎接我們」，於是宋徽宗繼續沉浸在書畫世界，繼續飲酒作樂，渾然不知災禍即將來臨。

契丹人

生活型態：狩獵、游牧為主
建國者：耶律阿保機，建
　　　　大契丹國
繼　位：次子耶律德光，
　　　　改國號大遼
此時戰鬥力：✕✕✕✕

## 3. 金人進入中原

　　宋在聯金滅遼的戰事中，徹底暴露了軍事力量的薄弱。金人看南方這麼富庶，宋又好對付，因此常常在找出兵的時機。叛將張覺帶兵歸順宋，就成為金人大舉入侵的絕佳理由。

　　張覺原是遼國的將領，投降於金，後又帶著人馬與土地投靠宋。 宋、 金雖然早約定雙方不可接受叛軍，但宋朝廷見張覺有地又有人，真是天下掉下來的

**金　人**

生活型態：漁獵兼農耕

建國者：完顏阿骨打，
　　　　建大金

戰鬥力：✕✕✕✕

**宋　人**

生活型態：農耕為主

建國者：趙匡胤，建宋

此時戰鬥力：✕✕✕

禮物，於是高高興興地歡迎他。金人知道這件事後，十分不悅，要宋朝廷馬上交出人來。

宋朝廷一開始刻意隱瞞，但金人一再逼問，宋朝廷想這樣拖延也不是辦法，索性斬了一個長得很像張覺的人，企圖矇騙過去。

金人發現送來的頭不是張覺，氣極了，「如果不趕緊交出張覺，我們將出兵把他抓回來！」

戰事才剛停止不久，宋哪裡會為了區區一個人而與金人撕破臉？於是態度一百八十度大轉變——馬上抓來張覺，砍下頭送給金人。

但一切都太遲了！西元 1125 年，金人揮軍南下，渡過黃河，將宋首都汴京團團圍住。宋徽宗驚覺大事不妙，急忙把皇位讓給兒子宋欽宗，自己躲在後面當太上皇。金人則在宋承諾割地、增加每年給的銀兩和絹後，暫且退兵。

兒子啊！
交給你了！

46

金人來勢洶洶，宋欽宗想來想去，正面交鋒無法獲勝，引誘投降金國的遼將作為內應或許有機會反敗為勝。他寫了一封信，想說服投降金國的遼將與宋合作，沒料到走漏消息。

西元 1126 年，金軍再度南下，殺入汴京，擄走徽宗、欽宗、皇親國戚、官員、百姓，古董、書畫、奇珍異寶也一併帶回北方，這在歷史上稱為「靖康之禍」。

君主被抓走，國家形同滅亡，後人稱宋太祖開國到靖康之禍這時期為「北宋」。

## 4. 岳飛之死

西元 1127 年 6 月，宋欽宗的弟弟趙構登基，是為宋高宗。面對父親、母親、手足被外族擄至北方，宋高宗的心情很複雜。起初他還有收復江山的雄心壯志，請將領擬訂計畫，操練軍隊，但後來卻越來越害怕打仗。

三十六計
走為上策

其中一個理由是，如果迎回宋徽宗、宋欽宗，輪得到他當皇帝嗎？

冬天，金人再度南侵，占領了汴京。宋高宗匆匆向南逃跑，金人才放棄追擊。宋高宗再也不敢回到北方，就定都臨安（今浙江省杭州）。

南宋並非沒有機會收復故土。西元1136年，大將岳飛率領軍隊展開北伐，一路相當順利，眼看就可以收復南京。主張與金和議的宰相秦檜，卻以岳飛孤軍難敵為理由，請高宗連下十二道金字牌，命令岳飛回到南方，因此斷送中興的大好機會。最後，秦檜還以「莫須有」的罪名害死岳飛。岳飛一死，收復北方土地的機會就更渺茫了。

不過，指使殺岳飛的其實是秦檜背後的宋高宗。他擔心岳飛掌握兵權，勢力越來越大而有可能背叛朝廷，也害怕北伐若真的成功，他還能不能當皇帝。

金國的進擊已經讓宋高宗一個頭兩個大，蒙古這個策馬奔馳的游牧民族又將加入戰局，究竟誰會獲得最終的勝利？

# 六、回不去的汴京

宋高宗被金人逼得放棄首都汴京，往南逃到臨安，就此待了下來。雖然他為了保有皇位，自岳飛北伐後，就不再積極收復故土，但這不好明說，畢竟他是皇帝啊！怎麼可以畏畏縮縮躲在南方，不去救父親兄長？這會被天下人恥笑的。因此，臨安只是暫時落腳的城市，不曾被稱為「首都」。

皇帝不想回北方（後來也打不回去了），不過有些人可是眼巴巴地想要回故鄉。一年又一年，從年輕力壯到白髮蒼蒼，從熱血沸騰誓言趕走金人，到只能跟親戚朋友談談當年的往事，這些人對於回汴京漸漸感到絕望。他們心想，恐怕要在南方終老一生了。

孟元老是其中的一分子，他懷念茶坊酒樓的美食，也想念瓦子的喧鬧。「我們死後，有誰記得汴京的昌盛？有誰知道當時的風俗民情？」他將汴京的一切記錄下來，寫成《東京夢華錄》，讓後世知道那如夢般的繁華。

宋徽宗畫院裡的畫師張擇端，則留下高 25 公分、長 534 公分的巨幅畫作「清明上河圖」，讓我們看到汴河的沿岸風光。

接下來就讓我們進入《東京夢華錄》與「清明上河圖」，神遊宋人日日思念卻回不去的汴京。

## 1. 過橋

「趕快把船尾調正、桅ㄨㄟˊ杆放倒啊！船就快撞上橋啦！」站在船頭的水手們奮力用竹竿撐船，一邊轉頭朝船尾大叫。

「後面那個小夥子當心點，拉好線！萬一船翻了，不說糧食及貨物，幾條人命看你怎麼賠！」經驗老到的水手對著驚慌失措的菜鳥破口大罵。

「加油啊！再往右一點。」「慢慢來，離橋還有一小段距離，繼續靠右。」橋上的民眾擠在圍欄邊，熱心地出主意。

這種驚險的場面，岸邊飲食店的夥計早就看慣了，頭抬都沒抬，繼續上菜。橋上兩旁搭棚子賣東西的小販吆ㄧㄠ喝聲也沒停過，挑著擔子的苦力正在趕路，騎著馬閒晃的讀書人東看看西瞧瞧，整個橋面被擠得水泄ㄒㄧㄝˋ不通，熱鬧滾滾。

「大家讓讓、讓讓」，一位頭戴斗笠ㄌㄧˋ，另一位綁著頭巾的男子撥開人群，身手敏捷，一腳跨過欄杆，將手中的粗繩拋向船上的水手。

橋下的走道上，也有一男子緊抓著粗繩，彎著腰，奔向船頭，快要喘不過氣了。「來…來…來…，繩子來了。」

這三位男子是「纜ㄌㄢˇ夫」，專門協助船靠岸停泊。他們的謀生工具很簡單，就是一條粗繩以及強健的身

宋元爭霸戰

50

體，一步一步將船拉近靠岸。

　　過了橋，即將進入汴京的繁華地帶，而為京城帶
來繁榮富庶的就是這條汴河。它是京城的經濟動脈，
每年大約有六千多艘船從南方運來糧食、金銀、香料
及各種雜貨。

　　你一定覺得很奇怪，為什麼要遠從南方運糧食？
因為之前北方不時發生戰爭，農田受到破壞，而南方
持續開發新農地、改進水利系統、使用新式農具，農
作物產量增加，因此有多餘的糧食運到北方，養活京
城上百萬的人口。瞧！遠方正有搬運工人從已經停妥
的貨船上，扛著一袋袋米糧下來呢！

## 2. 美食天堂

汴京內上百萬的人口，無論是皇帝老爺、文武百官、奴婢、軍隊、僧侶，還是平民百姓，都要吃三餐、穿衣服，這麼大批的人口，消費能力非常強，吸引各種類型的商販群聚在這兒賺錢。

唐代以前，商業區跟住宅區是分開的。住宅區嚴禁買賣，只有固定的時間可以在商業區交易，晚上店鋪就得打烊，不能營業。唐代中後期商業活動越來越頻繁，開始有人跑到住宅區賣東西，政府也禁不了，住宅跟商業區的界線逐漸消失，營業的時間也越來越長，商業更加熱絡。

到了北宋，大街小巷隨處可見酒樓店鋪，光是氣派的酒樓就有

七十二家，酒樓的分店數也數不清，其他還有魚市、肉市、香藥鋪、珠子鋪等各式各樣的店鋪。

餓了，假如你有錢，可以走進酒樓，點一瓶羊羔酒，來幾盤下酒菜。若菜色不夠，叫外賣送軟羊、龜《ㄟ背、瓜薑ㄐㄧㄤ也不成問題。到酒樓用餐，不管你是誰、幾個人去，擺盤都相當精緻，全套的銀器餐具非常奢華。若獨自吃飯太無聊，長廊上那一排濃妝豔抹的女子，正等待酒客呼喚，隨時準備到客人身邊唱歌或奏樂以助興呢。

如果你沒那麼有錢，餐館的煎魚飯、白肉胡餅、插肉麵是不錯的選擇。記得早點去呀，你看那夥計左手托住三碗，右臂從手腕到肩膀堆疊二十碗，正分送菜餚到各桌，就可以知道餐館的生意好得很，晚到要排隊啦！

不是很餓的話，曹婆婆肉餅、鹿家包子、孫好手饅頭，或沿街販售的糕餅能填填肚子。別忘了飯後來份甜點，香糖果子、蜜煎雕花、酥蜜食保證讓你回味再三。

渴了，到掛著「飲子」木牌的遮陽傘下，跟老闆
買碗湯藥，解渴兼補身。若懶得走過去，前方不遠處
就有一家茶店。

## 3. 鬥茶

「阿興你那個火候不夠啦，偏青，瞧我這湯色接
近純白，今天要贏了。」小李捧著茶杯，臉因興奮而
漲紅。

「別得意的太早，我這杯才是色香味俱全，而且
黑色茶杯襯著純白茶色多美。」 小平握著茶瓶的把
手，小心翼翼地倒出茶，一時間香氣四溢。「小齊來
鑑定一下。」

「福建的茶葉果真名不虛傳，也煮得恰到好處，厲害啊厲害！」小齊喝完，抬起衣袖擦嘴，還想再喝一杯。

茶店後方有五六個讀書人在「鬥茶」。參加鬥茶的人，都拿出家裡最好的茶葉，帶著茶具來煮水烹茶。大家輪流品嚐，由茶色、茶香純的程度、茶具的好壞，決定誰是冠軍。

宋代上自皇帝，下至平民百姓都愛喝茶，茶已經是日常生活中不能缺少的飲品。其中有些人喝茶的目的不是解渴，而是享受飲茶的過程。他們時不時就找朋友鬥茶，較量誰最懂茶道。

不只如此，他們將喝茶的心得寫成書，與其他人分享。別說這些讀書人了，藝術家皇帝宋徽宗也熱愛鬥茶，還寫了一本書說明茶葉的生產過程與品茶的藝術呢。

## 4. 瓦子

來到汴京，絕對要到瓦子一遊。瓦子是宋代綜合娛樂的場所，所有優秀的藝人都到這兒賣藝。為了避免各項表演互相干擾，表演場地用欄杆圍起來，做為區隔，稱作「勾欄」。大瓦子內有大小不一的勾欄五十餘座，其中最大的勾欄甚至可以容納數千人，你就可以想像瓦子的規模了！

　　「我不是別人，我是花果山紫雲洞八萬四千銅頭鐵額獼<sub>ㄇㄧˊ</sub>猴王。今天是來幫助和尚到西方取經的。」一位蓄著鬍子的說話人正口沫橫飛地講著唐三藏到西方取經，中途碰到猴王的故事。圍觀的男女老幼聽得入神，頻頻問「然後呢？」

　　這故事是《大唐三藏取經詩話》話本中的一部分。話本類似現代演員的劇本，讓負責講故事的說話人充分掌握故事情節。後來的人將《大唐三藏取經詩話》加以擴編，成了大家熟知的《西遊記》。

　　在前方那位舞者兩隻腳踩在一個小圓毬<sub>ㄑㄧㄡˊ</sub>上，輕靈地擺動身體，旋轉如風。舞者的右方，有一群小孩坐在地上看皮影戲。藝人拿著用獸皮做成的人物，在一塊白色的布幕後面上上下下地搖動。透過燭光的照射，人物的影子投映在布幕上，十分生動。「將軍準備出發打仗囉～」藝人一邊操控皮偶，一邊賣力地說著故事。

布幕上有影子在動

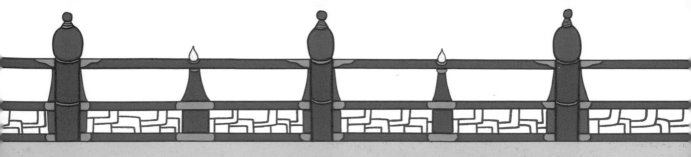

「這位客人，我跟你說，以我十幾年賣藥的經驗，你眼睛的問題，用這種藥保證有效，藥到病除。」皮影戲的斜後方是兩位演雜劇的藝人。一個扮演賣眼藥的江湖郎中，頭戴高帽，身穿長袍，披掛著眼睛造型的藥罐子，正熱情地向客人兜售他的獨門秘方。

想與藝人有更多的互動，不能錯過猜謎遊戲與即興作詩。瞧那位老先生手撐著下巴，正苦惱謎底是什麼。「很簡單啦，再想想。」藝人擠眉弄眼，提供暗示，惹得圍觀民眾開懷大笑。五步遠處有位藝人在即興作詩，只要給個題目，短時間內他就可以吟出一首詩，大夥都佩服不已。

平衡感超好

特技表演最吸睛，觀眾看了直呼不可思議。小孩瞪大眼，緊握媽媽的手，「娘～他走在那麼細的繩索上，會不會掉下來啊？」「那個人好厲害，烏龜都聽他的指揮，一個個在疊羅漢耶！」

瓦子的各種表演讓觀眾看得目不轉睛，生怕一眨眼漏掉精彩的畫面。除了表演，瓦子內也賣衣服、小吃，甚至還有算命師，應有盡有。待在裡頭，不知不覺天就黑了。

烏龜怎麼這麼聽話啊？

來唷！瓦子裡什麼表演都有！

## 5. 夜市

夜幕低垂，商人牽著背負滿滿貨物的駱駝，準備離開京城，賣糕餅的小販也推著獨輪車回家。

不過，熱鬧才剛開始呢！如果不趕路，到客店住一晚，出門走走，好好享受汴京的夜生活，南方的州橋夜市、東北方的馬行街夜市、東邊的潘樓街夜市都值得一逛。

一年四季，夜市擠滿了人。即使陰天下雨，攤販也照常點上燈火做生意。夜市很少休息，但賣的東西依季節可不同了。以州橋夜市來說，朱雀門一帶，平常賣些辣腳子、批切羊頭、薑辣蘿蔔。夏日天熱，改賣沙糖冰雪、甘草冰雪涼水消消暑氣，藥木瓜、杏片、香糖果子、鹹菜，以及不知道是什麼口味的雞皮

麻飲也是常見的小吃。冬季天寒，需要暖暖身，就會擺出盤兔、野鴨肉、煎夾子豬臟（夾子是類似包子的食物）等。

雖然從這些古怪又有趣的食物名稱，很難猜想究竟是什麼料理，但數量之多，看得出來即使是夜市，選擇也相當多元。

汴京越夜越美麗，酒樓大爆滿，客人喝得醉醺<sub></sub>醺，開心地玩遊戲。差不多十一點至一點，人群才慢慢散了，酒樓熄燈打烊，小販陸續收攤。但你一定想不到，三點到五點間又開張啦！

「粥飯點心加酒，一份二十文。」「賣洗臉水～」「賣湯藥～」酒樓夥計及攤販的吆喝聲揭開一天的序幕，旅客、商販、國外使者準備入城囉！

宋人回不去卻日日思念的汴京，因為當時的文字與繪畫的流傳，在後代無數人的記憶裡依舊鮮明，還是那個繁華富庶的城市。可是，你也不要以為宋高宗到了南方就過著苦哈哈的日子，臨安的城市生活後來也很豐富有趣。

只可惜城市不可能永遠繁榮，汴京因金人入侵而破敗，臨安是否也會毀在金人的手上？蒙古有機會進入中原且消滅南宋嗎？

# 七、稱霸草原的男人

「看哪！那兒有一群牛羊，旁邊放牧的人似乎很好對付，我們這就過去搶劫！」

北方的草原，有一族群過著跟南方宋人完全不一樣的生活。夏天他們逐水草而居，放牧牛羊。寒冬時，部族男人到森林狩獵，自給自足，還將多餘的肉類、毛皮賣給牧民或南方人，交換無法自製的紡織物、金屬品。

草原上的生活艱苦，長久以來，各部族為了爭奪生存空間，誰也不服誰，總是找機會攻擊對方，洗劫財物與牛羊，擄走身強體壯的人。

那群羊很快就是我們的了！

俘虜常常找機會逃跑，有的加入同一陣線的部族，有的重新找回分散在各處的族人一起對付敵人。攻擊、復仇成了草原上固定的戲碼，今天放牧的一群牛羊，隨時都可能換新主人。

　　1162 年，一個嬰兒呱呱墜地，他長大以後，憑藉堅強的意志力、善戰的體魄，統一分散的部族，向外擴張版圖，加入中原爭霸戰。

　　他的名字叫做鐵木真。

# 1. 建立大蒙古國

　　鐵木真的父親原是蒙古某個部族的酋長，在鐵木真少年時被敵人害死。孤兒寡母無依無靠，沒有人願意伸出援手。鐵木真的母親堅強地一肩扛起重擔，將孩子們拉拔長大。

　　鐵木真在艱困的環境下成長，發誓要用盡全力保護家人。他與其他部族結盟，合作消滅周遭的小部族，站穩腳步，勢力越來越大。

　　「若要擴大勢力，必須解決草原上相互劫掠、反擊復仇的問題，才能夠取得更多的人力與牛羊，增強**戰鬥力**，擴展地盤。」鐵木真很有頭腦，他往往只殺敵營的首領，而擄走戰士並收容其他人員。

在一次又一次的勝利中，鐵木真快速累積實力，逐步收服各個部族，稱霸草原。儘管他已經是草原上**戰鬥力**最強的人，「首領」這個身分仍需要獲得其他人的認可，大家才會承認他是合法的統治者。現代民主社會透過選舉投票的方式來決定領袖，而當時蒙古人則是經由舉行忽里臺（意思為會議）推選出統治者。

1206 年，鐵木真召開忽里臺，獲得草原上各部族代表的支持，被推舉為可汗（意思為王朝、上天），尊號「成吉思汗」，建立「大蒙古國」。

戰鬥力↑

蒙古
成吉思汗

攻擊力
防禦力

我們支持你！

成吉思汗
萬歲！

63

## 2. 鞏固國家

好不容易統一草原，成吉思汗希望帝國能更有組織，以免碰到外敵亂成一團，或是各部族間你爭我奪，造成帝國崩解。

成吉思汗想到一個好法子。為了打破部族之間的連結，他根據蒙古的習慣，將十個戰士編成一組，稱為「十戶」。這十個人互稱兄弟，共同生活，在戰場上彼此掩護，這樣就不會區分你我了。

十個十戶再組成「百戶」，十個百戶組成「千戶」，十個千戶再設「萬戶」。十戶、百戶、千戶各選出一個領袖，負責管理，而萬戶的領袖則由成吉思汗指派。這種軍政組織稱為「千戶制度」，經由層層緊密的連結，確保戰士一片忠心，可以盡其所能地為成吉思汗效命。

至於貼身護衛成吉思汗的則是另一批人，他們都是貴族，除了保護可汗，也負責教育貴族及皇室子弟，以及協助處理繁瑣的政務。他們的存在，維繫了貴族階層的穩定。

有了人員的組織架構，也必須有法律，才能避免搗亂者影響組織正常的運作。於是，成吉思汗頒布大法典，全國上下都必須遵守，即使是貴族或官員違反規定，一樣得接受懲罰，沒有例外。

有這三個法寶
幫忙，內部就
團結多了！

千戶　貴族　大法典

　　大蒙古國的組織越來越嚴密，**戰鬥力**也越來越
強，對內已經沒有敵手，但草原上的資源還是一樣少，
根本不夠分配，於是成吉思汗開始積極向外擴張。

## 3. 走出草原

　　成吉思汗放眼向四周看去，西邊是金國，南方是
西夏，再往南則是宋朝。他想了想，決定先進攻西
夏，破壞西夏與金的友好關係。

西夏受不了蒙古人一而再，再而三的侵擾，皇帝索性將女兒嫁給成吉思汗，請求停戰。

下一個目標就是金國了！

金國位於宋與蒙古之間，掌控兩方物品的流通。若蒙古人需要南方物資，必須向金國低頭稱臣，不然就得主動攻擊，強行掠奪。

起初，成吉思汗向金國稱臣，願意每年給金國一筆錢，但後來發現那時的金國皇帝根本是個庸才，對

大蒙古國

西征花剌子模王國

花剌子模

他十分不齒，說：「呸！我以為中原皇帝是天上人，沒想到卻是這般懦弱，我不屑跪拜！」他燃起進攻中原的熊熊鬥志。

隔年，成吉思汗大舉攻打金國，金國抵擋不住攻勢，連忙獻上黃金、絲綢、馬匹請求停戰。成吉思汗卻沒有馬上剿滅金，而將目標轉向西方的花剌子模王國，花了兩年的時間消滅它。為什麼呢？

攻打金國

收服西夏

金國

西夏

南宋

成吉思汗原本打算與花剌子模友好往來。當時花剌子模是個富裕的國家，有一次，成吉思汗派遣四百五十個人帶著貨物，跟著花剌子模的使者回國，想要買一些珍貴的土產。花剌子模的守將看到這一大群人，卻懷疑他們是間諜假扮的，不分青紅皂白，就殺死他們，搶走財貨。

成吉思汗知道這件事情後，派出使者前往花剌子模，要統治者交出守將，讓他們帶回蒙古處置。但花剌子模的統治者不僅拒絕，還殺掉一位使者、剃光兩位使者的鬍子，驅逐他們離境。

當消息傳回蒙古，成吉思汗大怒，「這個花剌子模的統治者，真是活得不耐煩了！」他將攻打金國的事情交給其他人，一躍上馬，親征花剌子模！

兩年後，成吉思汗成功消滅花剌子模，將領土擴展到中亞地區。他的子孫，之後更兩次西征，使蒙古帝國的版圖橫跨歐亞兩洲。

## 4. 超強戰力分析

收服西夏、南侵金國、西征花剌子模王國都順利達成，究竟蒙古人有什麼法寶能夠長途跋涉，維持強大的**戰鬥力**，取得勝利？

騎兵是最主要的因素。蒙古人從小騎馬射箭，跟著大人出外狩獵，在廣闊的大草原上搜尋獵物，學習如何接近目標而不被發現，拉弓、射箭，命中目標。

　　從小狩獵的蒙古人，長大後不僅成為優秀的獵人，也是優異的戰士。他們懂得在戰場上靈活運用狩獵技巧，當走出草原，面對高大堅固的城牆，他們不會一股勁地與敵軍正面對決，而是假裝撤退，等到敵軍出城追擊，再以迅雷不及掩耳的速度，回頭給予致命的一擊。他們鎖定獵物絕不放棄，從四面八方圍攻敵軍，彷彿在大草原上圍獵。

戰力大解析

弓箭射程達300公尺之遠，殺傷力強大

頭盔是鐵或鋼的材質

盔甲的內層是牛皮，外層為鐵片

蒙古馬體型較一般馬矮小，但非常粗壯、耐寒、耐勞，能長途奔跑

厚底馬靴

假使敵人很聰明，堅守城池不出來，草原上的戰術就很難派得上用場，但蒙古人可不是省油的燈，他們很快學會新的攻城技巧——切斷敵方糧食來源、以水灌城淹死敵人，或學宋人製作投石機攻城，每每創下驚人的戰績，城牆很難阻擋他們。

沒有投石機攻不下的城牆！

馬是他們最好的戰友。蒙古馬體型較一般馬矮小，但耐勞、耐寒，在嚴寒的氣候中長途奔跑都不會疲憊。母馬還可以供應馬奶，減少糧食的運送。蒙古騎兵只要隨身攜帶乾奶塊、肉條，就可以省下烹煮食物的時間，方便快速移動。配合嚴密的「千戶制度」，蒙古軍總能在短時間內抵達前線，奮勇殺敵。

當蒙古軍在前線打仗，後方也沒閒著，必須蒐集情報、回報戰況，將帥才好調動兵力。蒙古軍到西方作戰的路途非常遙遠，以前沒有電話或網路，只能依賴人力來回奔波傳達情報和命令。傳遞兵與馬匹中途需要休息及吃東西，於是蒙古人沿線每隔三十里設置一個休息站，稱為「驛站」。驛站的設立讓蒙古軍無後顧之憂，勇往直前。

## 5. 賢臣耶律楚材

　　蒙古人除了擁有超強**戰鬥力**，內部也有優秀人才協助統治，防止發生動亂。耶律楚材就是其中一名賢臣，幫助成吉思汗治理廣大的領土。

　　耶律楚材是契丹人，曾在金國當官。他非常博學多聞，成吉思汗常常問他的意見。曾經有人嫉妒耶律楚材受到重用，酸溜溜地說：「目前正在打仗，需要的是戰士，耶律楚材這個儒者有什麼用呢？」

　　耶律楚材知道後也不生氣，「造弓需要弓匠，治理天下難道可以不任用『治天下匠』嗎？」他將自己譬喻為治理天下的人才，巧妙地反擊了質疑。成吉思汗聽到這番話後，更加欣賞耶律楚材，天天接見他，聽取意見。

　　除了耶律楚材，成吉思汗也任用其他被征服國家的人才，吸收各種知識與策略，而且對被征服者的宗教與文化相當寬容。

優秀的臣子協助統治帝國！

蒙古

成吉思汗

大蒙古國

攻擊力
防禦力
戰鬥力

1227 年，戰鬥一輩子的成吉思汗病逝，享年65歲。闔上眼前，他仍掛念金國還沒納入蒙古帝國，而向圍繞一旁的兒子們傳授戰術，「你們帶兵進入南宋的領土，由南北包抄金的首都汴京。」

　　成吉思汗死後三天，蒙古軍先解決西夏，殺死西夏的皇帝，西夏滅亡。蒙古人的鐵蹄，不因成吉思汗之死而停歇，很快將踏過金國，成為中原霸主，直逼南宋。

鐵木真

攻擊力：●●●●●
防禦力：◉◉◉◉◉
魅力值：★★★★★
特殊技：團結力量大
廟　號：元太祖

# 八、蒙古南征

　　成吉思汗帶領蒙古騎兵走出草原，從北打到南，由東攻至西。在他二十五年的征戰生涯裡，占領的土地高達 500 萬平方公里，差不多有 139 個臺灣那麼大。

　　這麼廣闊的領土，一個統治者單獨治理相當吃力，稍不留心，帝國就有崩解的可能。成吉思汗過世前將土地分封給四個兒子，並且指定由老三窩闊臺繼位。不過，如果你還有印象，蒙古的繼承者必須經忽里臺通過，才算合法的統治者。

　　1229 年，窩闊臺順利地在忽里臺被推舉為可汗，繼續成吉思汗未完成的南征。

# 1. 窩闊臺滅金

窩闊臺攻打金國前，蒙古大臣說：「漢人對於蒙古帝國的發展沒有幫助，最好趕走他們，讓漢人耕種的土地變成放牧的草原，馬兒可以盡情奔跑，該有多好啊！」

耶律楚材不同意，他勸告窩闊臺：「陛下即將南征金國，需要龐大的後援支持，如果能向中原地區的人民徵收各種稅金，就不用擔心物資不足。」有物資才能充實戰備，維持高的**戰鬥力**，被圍困時也才能支撐下去。

窩闊臺覺得很有道理，於是採用耶律楚材的意見，果然獲得豐富的物資。

有了充足的準備，蒙古軍放心地南下攻打金國。當快要攻破汴京，蒙古使者回報戰況時說：「為了攻打汴京，死了很多弟兄。攻下城池的那一天，應該屠殺金人，幫他們報仇！」

耶律楚材聽了，表情嚴肅，他強烈反對屠殺金人。「將士征戰了數十年，為的就是奪取金國的土地跟人民，假如得到土地卻殺光人民，不是白忙一場嗎？」

一邊是蒙古人屠城的習慣，一邊是耶律楚材理智的分析，窩闊臺一時之間也不知該如何處理，眉頭深鎖，非常苦惱。耶律楚材看了，趕緊補上一句：「汴京是都城，很多有能力的人和富貴人家都聚集在這裡，如果全部殺光，就沒有賦稅可收了！」沒有人民繳稅，國家錢從哪裡來？

窩闊臺馬上就明白，於是攻下汴京後，只定金國宗室的罪，留給城內的百姓一條生路。

蒙古軍攻陷汴京快一年，卻遲遲未能完全消滅金國，不斷消耗**戰鬥力**。這時蒙古想起南方的宋，決定雙方聯手，合作攻打金國。金國抵擋不住，舉白旗投降。不過，宋蒙的友好關係有如曇花一現，不久雙方就展開一連串的戰爭。

## 2. 南宋滅亡

　　宋朝的皇帝自宋太祖以來，就重用文人，輕視武人，沒有用心培養軍事人才，軍人的素質往往十分低劣，到了南宋更是嚴重。然而，南宋卻有辦法與蒙古軍纏鬥了數十年，這是為什麼呢？

　　之前說過，蒙古軍最擅長騎馬射箭，可是南宋江南地區是一片水道，不適合騎馬，蒙古軍根本無法發揮實力，吃了不少苦頭。西南方則很多山脈，尤其四川的釣魚城非常難攻，蒙古軍彷彿撞上銅牆鐵壁，怎

攻擊力
防禦力
蒙古軍

有河流阻擋，
騎馬很不方便

樣都無法攻破。他們在城牆上架長梯子，一個個像猴子般向上爬，但很倒楣地碰上大雨，梯子斷裂，士兵們從高處墜落，哀嚎聲不斷。

到了晚上，蒙古軍必須時時提防摸黑來襲的宋軍，無法睡個好覺。長久下來士兵體力透支，**戰鬥力**下降。更慘的是夏天氣候炎熱，在北方長大的蒙古軍

攻擊力
防禦力
宋軍

無法適應，不是中暑，就是染上疾病，只好暫時放棄攻城，退回北方。

　　蒙古的劣勢一直到窩闊臺的姪子忽必烈帶兵出征才開始扭轉。忽必烈在 1260 年當上可汗，1271 年將國家的名稱由「大蒙古國」改為「大元」。他很清楚之前為什麼戰敗，因此記取教訓，不從四川進攻，而派軍長期圍住襄陽與樊城（今湖北襄陽），封鎖這兩座城長達六年。

　　看著高大的城牆，這次元軍使出必殺技──一種叫做回回砲的投石機來對付宋軍。只見巨石劃過天空，飛越城牆，直速往下墜落。「砰！」的一聲，房屋化作碎片，軍民四處逃散。「救命啊～蒙古人打來了。」整座城陷入恐慌，襄陽與樊城再也守不住了！

是回回砲！

救命啊

南宋朝廷見連襄陽、樊城都不保了，防線被打破，之後的抵抗都擋不住元軍，應該沒有反攻的機會，只好投降。但大臣文天祥等人卻不放棄，另外支持年幼的皇子當皇帝，想盡辦法招兵買馬，與元軍拼到最後。「國家還沒有滅亡啊，大家一定要撐下去！」文天祥激動地吶喊著。

可惜兩邊實力相差太大，最後文天祥被元軍俘擄，大臣帶著小皇帝投海自殺，南宋滅亡，大宋正式退出中原爭霸戰。

## 3. 寧死不屈的文天祥

戰勝的元將領命令文天祥寫信給南宋剩餘的軍隊，「國都滅了，勸他們趕快投降，不要再做垂死的掙扎」。

文天祥拒絕投降，說：「自古以來，人都難逃一死，所以要死得有價值。我對國家的一片忠心，將會成為史書上的光榮事蹟」，完全不怕死。

元將領勸他見風轉舵，「宋朝已經滅亡了，你身為宰相，帶兵抵抗到最後，也算是善盡職責。你如果願意投效元，還能保住宰相的位子，後半輩子榮華富貴享受不盡呀！」

文天祥不受利誘，回答：「作為臣子，眼睜睜看著國家敗亡而無能為力，即使死了都還有罪過，哪敢

為了活下來而投靠新的統治者？」他越講越激動，眼眶滿是淚水。

　　元將領說到嘴都乾了，文天祥仍相當堅持，不願意投降，將領只好把他關進大牢，等待忽必烈處置。

　　監獄的環境很惡劣，因為怕犯人逃走，所以只有一扇小小的窗戶，空氣相當不流通，犯人們肩靠著肩，呼吸都有點困難。

　　到了夏天，監獄彷彿火爐般又悶又熱，坐在裡頭一下子就滿頭大汗。雨天更慘，水順著泥土做成的牆壁往下流，地面很快就濕了，弄得犯人一身泥巴味，更別說還有排泄物、屍體、腐爛的老鼠等種種氣味在裡頭飄散。

要是一般人早就受不了，但文天祥面對榮華富貴，寧願選擇被關，也不向蒙古人投降。他在監獄裡寫了一首「正氣歌」表達心情。他說：「因為我有滿滿的正氣，所以不受惡劣的環境影響。」但這一關，就是四年。

忽必烈知道文天祥是個人才，心想：「由我這個尊貴的可汗來說服他，給足他面子，應該就會臣服於我。」沒想到文天祥依舊搖頭，「我只求一死」。他態度堅決，不因為忽必烈而有所改變。

兩旁臣子見文天祥這麼不知好歹，氣極了，紛紛說：「既然他這麼想死，就給他一刀痛快！」

「唉，這麼優秀的人才，可惜啊可惜！」忽必烈嘆一口氣，下詔殺了文天祥。

行刑前，文天祥朝向南方跪拜，代表和南宋道別，從容赴死。文天祥至死都忠於南宋，被讀書人視為忠臣的模範。

## 4. 忽必烈的難題

忽必烈從北方一望無際的草原走進南方農耕定居的世界，許多挑戰正等著他。

當他還是親王時，就十分好學，碰到自己無法解決的問題，會請教親信，大家共同討論商議。他身邊的智囊團，除了蒙古人，還包括女真人、漢人、穆斯林。忽必烈不間斷地傾聽各方意見，接受各種新的知識。

面對南宋，他思考的不僅僅是如何征服，而是征服之後，該怎麼統治這個與蒙古游牧生活完全不同的農業民族？

忽必烈身邊的儒士提出忠告：「蒙古人可以靠武力取得天下，但不能以武力治理國家」，勸忽必烈學習儒家文化與禮儀，沿用中國原有的統治方式。

忽必烈進入中原，消滅南宋後，望著遼闊的土地及比蒙古人多上百萬倍的人口，明白蒙古草原上的管理模式不適合這裡，採用當地原本的統治模式、任用地方人才協助管理，才是最快速、最有效的方法。因此，他接受儒士的建議，用中國傳統的制度來進行統治。就這樣，忽必烈穿上龍袍，有模有樣地當起中國皇帝。

## 5. 忽必烈的多元政策

政治制度可以沿用，但生活型態很難在短時間內改變。這就像如果你平常習慣吃米飯、麵食，夏天吹冷氣，一下子要你到草原住蒙古包、吃乾乳酪，沒有

自來水，更沒有冷氣，一定非常不適應。更何況蒙古與漢人是不同的民族，不僅飲食、居住型態差異很大，服飾、宗教信仰、風俗文化、經濟活動也都不同。

跟窩闊臺一樣，忽必烈沒有將南方的農田變為草原，強制農民放下鋤頭，開始學騎馬射箭，過著蒙古放牧的生活。如果真的這麼做，少了大片農地，糧食從哪裡來？忽必烈很實際，他獎勵農耕，確保糧食充足。不過，身上流著蒙古血液的忽必烈，也不可能勸蒙古同胞全都下馬過農耕生活，和漢人一樣吃米飯、麵條，住在木房土屋，這樣誰來騎馬打仗，維持**戰鬥力**？

忽必烈並不逼迫蒙古人學習漢人的文化，對其他民族的生活方式也採取較寬容的態度，所以北方草原

繼續騎馬打仗！

蒙古人

維持種田生活！

漢人

依然住著一批武力強大的蒙古貴族集團，南方人依舊種田為生。至於來到南方的蒙古人，則在日常生活裡與漢人互動，逐漸影響彼此。

忽必烈

攻擊力：
防禦力：
魅力值：✿✿✿✿✿
特殊技：多元寬容政策
廟　號：元世祖

# 九、漫步在大都

　　忽必烈貴為可汗，照理來說應該統治整個蒙古帝國，但由於家族內部爭鬥嚴重，有些地區已經脫離他的掌控而各自獨立，形成窩闊臺汗國、察合臺汗國、欽察汗國和伊兒汗國四大汗國。所以，蒙古帝國雖然橫跨歐亞兩洲，實際上忽必烈的統治地區主要以中原及南宋疆域為中心，在中國史上稱為「元朝」。

　　可是，北方蒙古的勢力依然強大，忽必烈無法忽視，因此在大臣的建議下，他建都大都（今北京），每年秋天和冬天待在這兒，春天外出狩獵，夏天再回到北方的上都——他身為親王時居住的地方避暑。

欽察汗國

伊兒汗國

察合臺汗國

窩闊臺汗國

元

上都

大都

# 1. 繁華的大都

大都是當時世界上屬一屬二宏偉壯麗的城市，街道十分整齊，呈東西南北的走向，好似棋盤。在大街之間，有一些東西向的小巷弄稱為「胡同」，今日北京彎彎曲曲的胡同，就是從元代發展而來的。

每日來自四面八方的人聚集在大都，有些從附近的城市過來做生意，有的遠從異國飄洋過海將奇珍異寶獻給可汗，還有些由南方坐船沿運河而上，運送糧食到大都。

運糧食？是的，你沒有看錯。北方由於長年戰亂，許多農田已無法耕作，糧食不夠大都四、五十萬人口吃，所以必須從南方運來，忽必烈還因此命人修建運河，讓糧食及物資直達大都呢！

大都人口眾多且蒙古貴族消費驚人，充滿商機，於是海內外商人紛紛到這兒買賣，大批大批的商品匯集於此。外國商人主要來自波斯、高麗、阿拉伯，其中高麗人最多，他們賣馬、人蔘和麻布，買回日常用品、紡織品和書籍。

珠寶、帽子、鐵器、米都分別有專門的市集，各式各樣商品任顧客挑選。據說光是絲，一天就有千輛車運進大都。人潮川流不息，討價還價的聲音不斷，很是熱鬧。

# 大都平面圖

宮城

① 鐘樓
內有大鐘，鐘聲全城都能聽見

② 鼓樓
大都的中心

③ 孔廟
蒙古人也尊崇儒家的孔子

④ 崇貞萬壽宮
道教寺廟

⑤ 大慶壽寺
佛教禪宗寺廟

⑥ 大聖壽萬安寺
藏傳佛教的寺院

⑦ 城門
共有十一個城門。夜間城門關閉，任何人不得進出，有衛兵看守

⑧ 積水潭
郭守敬修運河，讓江南物資直達大都

## 2. 小販的議論

在喧譁的市集中，有兩個小販悄聲交談。

「嘿！聽說今日勾欄上演關漢卿的《竇娥冤》。那個名雜劇家關漢卿，最恨囂張的蒙古惡官及那些犯法卻又不用受處罰的貴族，所以他的戲通常有一位清官來伸張正義，看了真是爽快！咱們收攤後一起去看吧！」穿梭在巷弄間賣瓷器的老張說道。

「沒錯！雖然可汗對我們信什麼宗教沒有意見，但在法律上，蒙古人、色目人和我們的待遇就是不同，蒙古貴族犯法幾乎都能全身而退。」一旁賣棗糕的老陳低聲附和。

「蒙古人最高級啦，而那些從西方來，很會做生意或在朝廷當官的色目人，也比我們這些漢人及南人強得多！宰相阿合馬就是色目人，他很受可汗寵愛，狐假虎威，貪汙殘暴，聽說他家裡有幾千名奴婢耶。」老張講到激動處，音量越來越大。

「小聲點，小心掉了腦袋！」老陳左右張望，生怕被人偷聽。

面相

「你難道不知道，農民要種田、替國家養馬養駱駝，還得忍受可汗下面那些壞蛋胡作非為，騎著馬匹任意踐踏農地。我鄰居前陣子繳不出稅，只得去借錢，到最後就算賣妻子兒女，家破人亡，都還不能還清呀！皇城西方買賣人的市集，每天都擠滿有如商品的可憐人。」老張漲紅了臉，捏緊拳頭。

「這我當然知道，所以說關漢卿的雜劇道出我們的心聲，一定要去捧場。」兩人一邊聊，一邊收攤。

「別急著收啊老闆，這花瓶多少錢？」一位啃著羊肉串的蒙古男子貼近詢問。

「客人您真識貨，這花瓶可是從南方景德鎮運來的上等貨，還外銷到南洋、印度、阿拉伯呢！算你便宜。」

「景德鎮的瓷器哪是你這小販賣得起？不過我喜歡，就買了吧！諾～」蒙古男子遞出一張紙鈔。

「現在交易都要用紙鈔了，可汗登基後發行的，全國通用，以前的銅錢都廢掉啦。」老張低頭找錢，嘴裡碎念著。

「走吧，走吧，《竇娥冤》快開演了。」

## 3. 動人的《竇娥冤》

《竇娥冤》講的是竇娥的冤死。竇娥的父親因欠蔡家錢，無力償還，於是將竇娥送到蔡家當童養媳。不幸竇娥長大結婚後沒幾年，丈夫就過世了，竇娥與婆婆相依為命。流氓張驢兒想逼竇娥跟他結婚，但竇娥堅決不肯，張驢兒於是將父親誤喝毒藥致死的事嫁禍給竇娥，說她是殺人兇手。

昏庸的官老爺沒有好好調查，就用殘忍的刑罰傷害竇娥，想要逼她認罪。竇娥擔心連累婆婆，因此認罪，被判死刑。行刑前，被冤枉的竇娥對天發誓，若她清白，那麼六月會下雪覆蓋她的屍體、楚州這個地方連續三年旱災，結果一切正如竇娥所說。

劇終，老張與老陳熱淚盈眶，頻頻拭淚。

「那個官老爺真可惡！他應該為百姓伸張正義，卻是非不分，害竇娥白白喪命！孝順的竇娥實在太可憐了。」老張既難過，又生氣。

老陳擦乾眼淚，小聲說：「唉～～現在做什麼事都要小心點，尤其別惹蒙古人，否則萬一鬧上官府，倒楣的可是我們這些沒錢沒勢力的小老百姓呀！」

「是啊～～」老張點點頭，「《竇娥冤》真寫實，簡直就是發生在我們周遭，關漢卿了不起！」

「聽說五日後的廟會也有一齣關漢卿的劇，我們再去看。」

「好哇，希望那天趕快到，等不及啦。」老張滿臉期待，巴不得時間飛逝。

老陳摸著咕嚕咕嚕叫的肚子。「剛剛看得太入迷了，忘記買東西吃，我現在肚子好餓，咱們去喝茶，吃麵食。」

「那有什麼問題！不過，要在鐘聲響三下（大約晚上八點多）前回到家。說到這個，我火氣又來了。現在不比過去，除了緊急狀況可以晚上出門，其他人若夜間在路上行走，被那三、四十人組成的巡邏隊伍逮到，可要吃牢飯。以前熱熱鬧鬧的夜市已經消失啦！」

「你少說兩句，不然遲早會出事。明天是可汗的生日，城裡會湧進一大群人。吃完得趕緊回家休息，養足精神，好做生意。」

## 4. 富麗堂皇的宮殿

忽必烈的宮城非常壯麗，宮牆及房內的天花板、牆壁都金光閃閃、貴氣逼人，上頭繪了龍、鳥獸、騎士等活靈活現的圖像。屋頂鋪滿紅、黃、綠、藍各色瓦片，陽光照耀之下像水晶般燦爛無比，從很遠的地方就看得到。

大殿十分寬廣，據說六千人一起用餐都還有空間。不過，並不是每個人都有座位，有些人必須坐在大殿中間的毛毯上吃東西。

　　忽必烈用餐時，有專門的人負責上菜，他們都用金色的絹巾蒙住口鼻，以免口水或氣息汙染飲食。

　　蒙古人愛喝酒，殿中有一個豪華的飲料櫃，裡頭有一個黃金做的大甕，滿滿都是酒。櫃的四個角落有四個小甕，一個盛馬乳，一個盛駝乳，另外兩個則是其他的飲料，隨忽必烈高興任意飲用。櫃中放了各式各樣的酒杯，其中一個特別華麗，容量非常大，可供八或十個人暢飲。

　　當忽必烈拿起酒杯，大臣及一起用餐的人們就得跪下，兩旁的樂隊開始奏樂，直到可汗喝完酒、音樂停止，眾人才敢站起來。就這樣，忽必烈每喝一次，就要來這麼一套儀式，顯示忽必烈的地位尊貴無比。

# 5.普天同慶的節日

　　蒙古人喜愛慶生，忽必烈的生日更是大日子。這天，忽必烈穿上金色的錦袍，宮內一萬兩千名騎兵穿著金色的衣服，並繫上忽必烈賞賜的金腰帶，上面織綴了許多珍珠寶石。

　　每年忽必烈會贈送騎兵們十三套不同顏色的漂亮衣服，他們會配合忽必烈在特殊的節日穿同一個顏色。一萬兩千名騎兵，每人若十三套，光是騎兵的服裝就要十五萬六千套，相當耗費人力與物力，但也顯示忽必烈不凡的氣勢。

　　忽必烈的生日，禮物一定不能少，只見各地的貢品陸續送到宮殿，人員忙著分類點收。信仰不同宗教的人們，則分別向他們的天神祈禱，祝福忽必烈長命百歲。

　　隔三個多月，新的一年到來，忽必烈、文武百官及市井小民按照習俗一身白袍，互贈白色的物品，相互擁吻，大大慶祝一番，祈求新的一年順利。白色在傳統中國與喪事有關，常被視為不吉利，但在蒙古的習俗卻象徵吉祥。

新年快樂！

元旦也是忽必烈大收禮物的節日。某一年，各地送來極為漂亮的白馬共十萬多匹，以及大象五千多頭，披著華麗的衣飾，背著兩個美麗的木匣，裝滿金銀器皿與甲冑，還有無數隻穿著華美衣服的駱駝，背著禮品，排列在忽必烈之前，蔚為奇觀。

## 6. 可汗去狩獵

每年春天，忽必烈會率領一群人外出狩獵。他安穩地躺在由四隻大象擡著的木樓中，聽到外頭隨從說：「陛下，有鶴經過」，才慢慢起身打開門，放出最寵愛的獵鷹追捕。

獵鷹身型雖小，但動作敏捷。牠越飛越高，幾乎變成一個小黑點，當眾人快要看不見時，牠輕巧的一個轉身，加速俯衝而下，用尖爪抓住鶴的脖子，將鶴拖到忽必烈面前。

「真是精彩！」忽必烈很滿意，大聲叫好。

忽必烈隨身攜帶十二隻獵鷹，身邊還有帶著其他獵鷹的隨從們，稱為「打捕鷹人」。這群人跟著狩獵，負責看管獵鷹。他們身上都有一支小笛子，用來呼喚迷失方向的獵鷹。若獵鷹不幸走失，鷹爪上懸掛的小牌記錄了打捕鷹人的名字，方便歸還。

平日，打捕鷹人得獵捕鳥獸獻給皇帝及貴族，讓他們品嘗野味。為了避免閒雜人等與打捕鷹人爭奪獵

物，忽必烈下令大都周圍禁止狩獵。忽必烈的狩獵活動不再像過去是填飽肚子或為戰鬥做準備，而多半是為了休閒娛樂及品嚐美食。

　　大都繁華的背後，隱隱透著危機。儘管忽必烈統治之初儘量讓各民族維持他們的生活方式，然而蒙古人還是獲得許多優待，更不用說皇室與貴族奢靡度日，花天酒地，都是建立在百姓的血汗上。忽必烈所擁有的繁華富麗，子孫能享受多久呢？

# 十、帝國崩解

　　忽必烈怎麼也想不到，元朝最穩定、最繁華富庶的時候，就是他統治的時期。忽必烈過世後，爆發皇位繼承問題。這個問題不斷發生，糾纏著許多元朝的皇帝。

　　蒙古人的繼承制度由忽里臺決定，不像中國的皇帝通常由嫡長子繼承，因此只要是皇室都有機會登上皇位，只要**戰鬥力**夠高。

從忽必烈過世，到元代最後一位皇帝元順帝登基，短短的三十九年內，共換了九位皇帝，在位最久的不超過十三年，最短的僅有一兩個月。

　　從登基的那一刻起，元皇帝忙著提高**防禦力**，否則稍不留神，可能慘遭刺客暗殺，甚至反叛軍直接殺入宮殿。其中，元仁宗罕見地和平登基，展開改革。

## 1. 和平登基不容易

　　元仁宗像忽必烈一樣，從小身邊也有許多有學問的人，與他講解做人處事的道理，以及該怎麼處理國政。他十分小心行事，曾告訴身邊的人：「凡是忽必烈沒有做過，或書裡沒有記載的事，都要特別謹慎，不要隨便施行。」

　　他看著哥哥元武宗整天喝酒，隨意獎賞大臣，揮金如土，沒辦法解決元朝的經濟問題，只會大量印製新鈔，造成物價上漲，而隨時提醒自己要小心處理國政。

　　為什麼元武宗要印鈔票？那時朝廷收來的賦稅根本不夠花，武宗又不肯節省花費，他覺得沒錢用，多印新鈔就解決了，所以照樣大口喝酒，大口吃肉。但是他沒想到印了這麼多鈔票，反而讓鈔票沒有價值，買東西得花很多的鈔票，老百姓的生活更辛苦了！

也許太愛喝酒，元武宗在位三年多就病死，但元仁宗卻沒有馬上即位。首先，他除去朝廷裡原有的惡勢力，安置自己的人馬，並廢掉一些不必要的機構。第二，發放糧食給貧民，將侵占的田地還給百姓，藉此收買人心。第三，拉攏皇室成員，賞賜他們許多金銀財寶。

當一切打點妥當，1311 年，元仁宗穿上皇袍，不靠流血暴力而當上皇帝。

## 2. 短暫的改革

大家都知道，光靠皇帝一個人的力量，不可能將國家治理好，必須仰賴優秀的人才。但道理人人知，可不見得人人都會實踐，像元武宗以享樂為目的，不好好統治國家。元仁宗則相反，他愛賢士，不愛珠寶，

當上皇帝後，短時間內就恢復宋代的科舉制度來選拔人才，並指定儒家經典當成考試內容。雖然錄取的名額不多，但是也讓有心從政的漢人有機會成為官員。

元仁宗積極整頓朝政，淘汰不適任的官員，編寫了一部監察官員有沒有好好做事的法規，並學忽必烈著手編法典。他眼看財政越來越混亂，於是廢除元武宗發行的新鈔，恢復使用忽必烈時期的鈔票。

元仁宗很多施政都參考忽必烈的做法，可惜他的時代不再是過往那個繁華盛世，他也不像忽必烈雄才大略，處事果斷。孝順的他，非常聽媽媽的話，官員違法，只要找太后當靠山，仁宗也就睜一隻眼，閉一隻眼，放他一馬。一直要到仁宗、太后過世，兒子元英宗登基後，改革的項目才更為深入。

元英宗十八歲即位，滿腔熱血，不畏困難，帶頭改變政治風氣。不過，所有改革幾乎都會碰到保守勢力的反對，英宗新政也不例外。反對的原因很老套，就是損害了貴族、奸臣的利益。

元英宗還來不及治好國家的弊病，就被大臣刺殺身亡，死時才二十一歲，在位三年多。

## 3. 滅亡前的歡樂

元英宗之後的皇帝和臣子一個比一個糟糕，奢侈浪費、不認真治國，使帝國朝死亡一步步走去。

　　元文宗個人還算節儉，可是丞相燕帖ㄊㄧㄝ木兒卻過著豪華浪費的生活，一個晚宴竟然殺了十三頭馬來吃。皇后也很誇張，一天用掉錢十萬錠ㄉㄧㄥˋ、布五萬匹、棉五千斤。

　　元順帝時期的丞相伯顏，更是目無王法，濫殺無辜，把宮廷的財庫當成自己家的，愛花多少，就花多少，行徑非常囂張。伯顏之後的新丞相馬札八臺還做起生意來了，開酒館、賣鹽，數著大把大把的鈔票，根本無心幫助皇帝治理天下。

　　上樑不正，下樑歪，官員也只顧著塞滿自己的荷包，發明各種名目向百姓討錢。他們的字典裡，完全沒有「忠君愛民」四個字。

　　可憐的老百姓，能拖著疲憊的身軀工作還算幸運，慘的是各地災害不斷，瘟ㄨㄣ疫頻繁，水旱災、蝗蟲來襲，又爆發大飢荒、黃河氾濫，讓百姓叫苦連天。

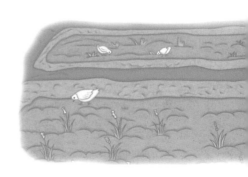

## 4. 最後的努力

　　元順帝雖然試圖振作，任用賢能的丞相脫脫，想要解決財政危機，無奈在群臣的討論之下，仍決定印製新鈔票。但是印鈔票根本不能解決問題，印越多，鈔票越沒有價值，到最後紙鈔形同廢紙，根本買不了食物，有人乾脆拿來糊牆鋪地。

百姓咬著牙，含著淚，拼命幹活只求一口飯吃。儘管脫脫知道百姓怨聲載道，但黃河氾濫嚴重，一定要處理，否則兩岸的房子被沖垮，農田被淹沒，人民沒地方住，沒東西吃，很有可能成為盜匪去偷去搶，社會將更動亂不安。於是脫脫在印鈔票的同時，請皇帝派人治理黃河。

「人民的日子已經很苦了，這時候如果聚集二十萬人修黃河，後果恐怕比黃河水患更嚴重呀！」大臣提出忠告。

脫脫聽了大怒，「你的意思是人民要造反了？好大的膽子。」

脫脫本意良善，可是他沒料到人民的怒氣已經到了頂點，地方官為了在短時間內交出成績單，又沒天

沒夜動員人民挖河道。如果你是老百姓，做著粗重的工作，累得要命，稍微抬頭喘口氣，馬上就要挨鞭子，或因此沒飯吃，你還會忍氣吞聲嗎？

比起活活累死餓死，造反可能還有一條活路！

## 5. 紅巾反元

韓山童、劉福通等人早就對元政府不滿，見修黃河引起百姓的怨言，於是暗中計劃造反。他們到處散播反抗元朝的歌謠，「莫道石人一隻眼，此物一出天下反」。傳著傳著，街頭巷尾的百姓都跟著哼了起來，造反的念頭隨著旋律越來越強大。

「這裡挖不下去了，好像是石頭。」挖河道的民工張三用手擦了擦額頭冒出的汗，輕聲對同伴說。

「非清好不可，不然等一下官大爺來了可會挨鞭子！咦？是座獨眼石人！」李四驚奇地瞪大了眼。

「背後還刻了一行字：『莫道石人一隻眼，此物一出天下反』。這個獨眼石人，難不成就是歌謠裡的『此物』？老天爺告訴我們是時候造反了！」旁邊的民工圍過來，眾人議論紛紛。

韓山童與劉福通偷偷在黃河埋下獨眼石人，讓民工相信反抗元朝是天意，同時積極宣傳彌勒佛將降生，明王也會出世，未來一片美好，給予人民無限希望，許多人因此下定決心，跟隨韓山童奮力一搏。

「殺死這些狗官！我們可不是生來做奴隸的。」
1351 年 5 月，三千人在潁州（今安徽省內）頭綁紅巾，高舉紅旗，誓言趕走蒙古人。

他們是紅巾軍，對官方來說，是紅巾賊。

## 6. 改朝換代

紅巾軍的行動迅速激起各地人民的響應，大江南北到處都是反抗軍。他們占領黃河、淮水一帶，大都因而無法獲得南方的糧食及物資。元順帝一開始沒把這件事放在心上，還悶悶跟僧人鬼混玩樂。

元順帝有多過分呢？隔年，大都發生飢荒，爆發流行性傳染病，人民餓到吃人肉，他仍大興土木，不知百姓的怒火已經一發不可收拾。

西元 1358 年，中原地區及北方幾乎三分之二都被紅巾軍占領，直撲大都而來，元順帝才從歡樂的世界回到現實。看著大臣吵成一團，他內心無比害怕，

攻擊力
防禦力
戰鬥力↗
紅巾軍

跟紅巾軍
一起反抗！

天下要
太平啦！

該向北逃回老家呢？還是搬到西方去？或戰到片甲不留？

只能說他命大，接近大都的紅巾軍因為缺乏後援，**戰鬥力**無法持續，又退回山東。然而，統治集團內部也開始出現問題，畢竟誰想跟著陪葬？有貴族起兵爭奪皇位，將領之間相互廝殺。本來蒙古人該團結一致，卻演變為自己人互打，消耗不少**戰鬥力**。

亂世出英雄，兵荒馬亂的南方，也有不少英雄好漢起而反抗元朝，自立為王。經過一番混戰，紅巾軍出身的朱元璋憑著聰明的頭腦與卓越的軍事才能勝出。出發攻打大都前，他豪氣十足地說對主將說：「北上驅除蒙古人，恢復中華，拯救老百姓！如果蒙古或色目人願意投降，要好好對待他們，不可隨便殺人」。

比起元順帝不顧百姓死活，朱元璋就像堅強的依靠，獲得百姓的信賴，越來越多人加入朱元璋，**戰鬥力**也越來越高。1368 年，朱元璋在南京稱帝，國號為大明。不到一年，軍隊就殺入大都。元順帝只好連夜帶著后妃太子，向北逃到上都。

朱元璋成為霸主，元朝宣告滅亡。中原地區自宋以後，陸續經遼、金、蒙古等民族的統治，如今再度回到漢人的手裡。但是，中原爭霸戰仍未止息，明朝周遭的民族忘不了繁華富庶的城市生活，隨時都想重回中原……。

# 人物回顧

## 中原爭霸

## 宋太祖（趙匡胤）

因陳橋兵變、黃袍加身而成為皇帝，進入中原。他登基後，擔心皇位不保，於是請將領吃飯喝酒，解除他們的兵權，又重視文人，輕視武人，造成往後宋朝軍事衰弱。

## 宋太宗（趙光義）

趙匡胤的弟弟，超級工作狂，愛指揮將領作戰，愛判案，也愛親自出征。他成功消滅了南方政權與北漢，為宋朝取得好多土地，可惜北上收復燕雲十六州失敗，無法恢復過去唐代時的版圖。

## 宋真宗（趙恆）

宋太宗的兒子。個性溫和，不像爸爸勇猛威武。雖然親自出兵澶州，擊退入侵的遼人，但一有機會就與對方和談，花錢保平安。雖然維持長期的和平，但宋朝的財政負擔也越來越重。

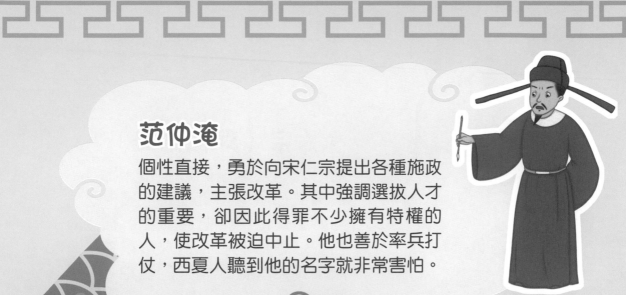

## 范仲淹

個性直接，勇於向宋仁宗提出各種施政的建議，主張改革。其中強調選拔人才的重要，卻因此得罪不少擁有特權的人，使改革被迫中止。他也善於率兵打仗，西夏人聽到他的名字就非常害怕。

## 王安石

認為國家要富強，必須生財，於是推動一系列的改革措施。然而遭到擁有特權的人反對，因為損害了他們的利益。王安石相當堅持繼續推動，無奈被太多人攻擊，政策無法長久施行。

## 宋徽宗（趙佶）

藝術家皇帝，寫書法、畫畫都在行，還成立宮廷畫院，培養了很多藝術人才。可惜沒有心思治理國事，只顧享樂，導致地方百姓起來造反。金人也趁機入侵宋，占領了首都汴京，成為中原的主人。

## 遼太宗（耶律德光）

契丹人，大遼的開國皇帝。出兵幫助石敬瑭當上皇帝，獲得的好處是取得燕雲十六州，被石敬瑭尊稱為爹。遼太宗以燕雲十六州為進攻南方的基地，時時等待機會南侵中原。

## 金太祖（完顏阿骨打）

女真人，金國的開國皇帝。力大無窮，善於騎射，消滅了遼國。他的弟弟金太宗對宋發動戰爭，攻下宋首都汴京，擄走宋徽宗與宋欽宗，入主中原。

## 元太祖（成吉思汗）

強悍善戰的男人。團結蒙古內部分散的小部落，帶領蒙古人走出草原，先後攻打西夏、金國、花剌子模王國，使蒙古變成領土廣闊的帝國，為日後的擴張奠定了基礎。

## 元太宗（窩闊臺）

成吉思汗的三兒子。出兵消滅金國，蒙古鐵蹄踏入中原地區。重用契丹人耶律楚材，聽他的話，攻下汴京後，不屠殺老百姓，以確保有稅可收。

## 元世祖（忽必烈）

窩闊臺的姪子，建立元朝。帶軍消滅南宋，沿用中國傳統的政治制度治理中原地區，對其他民族也採取寬容的政策，吸引了不少有才能的人幫助他統治國家。

中原爭霸

## 紅巾軍

元末天災、飢荒不斷，人民生活已經很苦了，卻還被動員去挖黃河河道，於是紛紛起來反抗元朝。紅巾軍是其中主要的力量，出身紅巾軍的朱元璋，消滅了元朝，是明朝的開國皇帝。

## 曾双秀

政大歷史系畢業，師大歷史所碩士，臺大歷史所博士生。曾任高中教科書及學術編輯數年，遊走於寫作與編輯之間。嗜睡，一度被懷疑是睡仙陳摶的後人，但其實是在做水平思考。相信與其熬夜唸書，不如睡覺增進腦力。願天下父母及老師讓孩子好好睡覺。

## 沈　冰

1981 年 12 月 24 日出生於陝西西安，畢業於西安美術學院綜合繪畫專業，現為自由插畫師。自幼喜歡美術，大學時開始接觸兒童插畫，畢業後一直從事兒童插畫的創作和手工泥塑的創作。創作並出版的作品有《中國記憶——傳統節日之春節》、《寶寶第一年》、《幸運草莓幸運豬》、《蹦叭，蹦叭，咔咔！》、《雨果：悲慘世界浪漫心》、《瑪莎‧葛蘭姆：舞出新世界》等多本圖畫書。現定居西安，對繪者來說，畫畫是件快樂又美好的事。

# 歷史遊戲王

## 為小朋友寫的中國歷史，自己就能讀

歷史學者是怎麼和自己的孩子講中國歷史呢？歷史變身為精彩刺激的故事。

文字淺白有趣，兼顧正確，難字附上注音，配合插圖帶出情境，小朋友自己就能親近歷史。

## 以遊戲來包裝歷史，每一本都不一樣唷

疊疊樂就像遠古先秦時代，古人創造發明文物制度，到了春秋戰國制度崩解的過程。

秦漢～南北朝各路英雄好漢搶奪大富翁地盤，歷史事件、人物如同機會、命運牌，影響歷史發展。

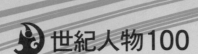 世紀人物100

# 想多認識
# 這些歷史人物嗎？

帝王將相

一統中國：
**秦始皇**

悲劇英雄：
**項羽**

忍小辱成大英雄：
**韓信**

運籌帷幄，決勝千里：
**張良**

開疆闢土：
**漢武帝**

草廬中的智謀家：
**諸葛亮**

**外交使者**

十九年的孤獨背影：
**蘇武**

鑿空 On Line：
**張騫**

自請和親的奇女子：
**王昭君**

**歷史文化**

龍門路：
**司馬遷**

再見東漢：
**班固**

天文巨星：
**張衡**

文明奇蹟的創造者：
**蔡倫**

一朵孤芳的野菊花：
**陶淵明**